Mídia Training

Mídia Training
Como usar as mídias sociais a seu favor

4ª Edição Revista e Atualizada

2020

Heródoto Barbeiro
Editor-chefe e âncora do Jornal da Record News em Multiplataforma

MIDIA TRAINING
COMO USAR AS MÍDIAS SOCIAIS A SEU FAVOR
4ª EDIÇÃO
© Almedina, 2020

AUTOR: Heródoto Barbeiro
EDITOR DE AQUISIÇÃO: Marco Pace
DIAGRAMAÇÃO: Almedina
DESIGN DE CAPA: Roberta Bassanetto
ISBN: 9788562937347

Dados Internacionais de Catalogação na Publicação (CIP)
(Câmara Brasileira do Livro, SP, Brasil)

Barbeiro, Heródoto
Midia training : como usar as mídias sociais a seu favor / Heródoto Barbeiro. -- 4. ed. -- São Paulo : Actual Editora, 2020.

Bibliografia
ISBN 978-85-62937-34-7

1. Administração 2. Entrevistas (Jornalismo) 3. Fala em público 4. Marketing 5. Mídia - Aspectos sociais I. Título.

20-32682 CDD-808.51

Índices para catálogo sistemático:

1. Falar em público : Retória 808.51

Maria Alice Ferreira - Bibliotecária - CRB-8/7964

Este livro segue as regras do novo Acordo Ortográfico da Língua Portuguesa (1990).

Todos os direitos reservados. Nenhuma parte deste livro, protegido por copyright, pode ser reproduzida, armazenada ou transmitida de alguma forma ou por algum meio, seja eletrônico ou mecânico, inclusive fotocópia, gravação ou qualquer sistema de armazenagem de informações, sem a permissão expressa e por escrito da editora.

Março, 2020

EDITORA: Almedina Brasil
Rua José Maria Lisboa, 860, Conj.131 e 132, Jardim Paulista | 01423-001 São Paulo | Brasil
editora@almedina.com.br
www.almedina.com.br

Para os que entendem que um dos caminhos
para a liderança é aprender a dominar a comunicação

Só existem duas maneiras de fazer carreira em jornalismo: construindo uma boa reputação ou destruindo uma.
— Tom Wolfe

Para Walkiria, Maurício e Guilherme.

Sumário

Missão	13
Salve-se quem puder!	15
Por que falar com a imprensa?	17
O que é, o que é?	23
Como avançar no caminho de Tebas	29
Fontes jorram notícias	35
Os conflitos intermináveis	41
Afinal, o que é a notícia?	47
Você vai falar, cantar, discursar...	55
Quem não se comunica se trumbica	61
Guerra é guerra	65
O que você disse foi publicado?	71
Entrevista: concentração total	77
Fontes de notícias ou artistas	83
Um por todos...	89
A entrevista fora do ambiente de trabalho	93
Eu me amo	99
Ética de lado a lado	105
A pressa da notícia e a fake	113
Algumas leituras essenciais	119
A classe dos jornalistas vai ao paraíso	123
Dicas para você falar melhor	127
Pronúncias que derrubam entrevistados	131
Muletas de entrevistados	135
O bê-á-bá do jornalismo	139
Finalmente	145
Para encerrar	147
Outros livros da minha autoria	151

Missão

> *O homem que não é posto à prova não evolui.*
> — *Goethe*

A missão deste livro é treiná-lo para dar boas entrevistas nas mídias sociais ou tradicionais. O fio condutor é o jornalismo, e ele é sempre o mesmo, não importam as plataformas por onde se propaga. As dicas estão organizadas na forma de um manual para que possa usá-las rápida e periodicamente. Você vai aprender os limites éticos do jornalismo, de modo que consiga estar em pé de igualdade com o seu entrevistador.

AS REDES SOCIAIS SÃO O PRIMEIRO LOCAL DE BUSCA DE INFORMAÇÕES

De pernas para o ar

Está cada vez mais evidente que as redes sociais viraram as comunicações de pernas para o ar. É possível dizer que elas representam a grande quebra de paradigma da comunicação, desde que o velhinho Gutemberg desenvolveu uma prensa de tipos móveis. A bendita prensa mudou a história da comunicação na passagem da Idade Média para a Moderna. Os textos que eram monopolizados pela elite religiosa, de repente ganharam edições que podiam ser vendidas para muito mais gente. E o pior é que tratados científicos, mapas de novas terras descobertas e até um globo que mostrava que a Terra era redonda! Um absurdo. Vários desses hereges foram punidos, alguns de forma bem aquecida nas fogueiras da Inquisição.

Desde então, a comunicação se desenvolveu sobre a plataforma de tinta e papel com o aparecimento das revistas e jornais. Com a segunda fase da revolução industrial, atingiu-se o auge da produção. Nessa época, as válvulas eletrônicas foram responsáveis pelo rádio e pela televisão, até serem atropeladas pelos chips. Daí para a frente, a comunicação de toda ordem marchou em ordem unida em direção aos gadgets móveis, e foram parar nas bolsas e bolsos. Os celulares grudaram nas pessoas como tatuagens, daquelas que não saem nem com água e sabão. Para saber o que está acontecendo, o ser humano do século XXI saca o seu celular como um pistoleiro do Velho Oeste. Uma vez fora do coldre, não há o que o impeça de saber o que está acontecendo, seja onde for, sobre o que for, verdade ou mentira.

Salve-se quem puder!

A dúvida é o início da sabedoria.
— *Aristóteles*

Um jornalista liga para você e duas sensações prevalecem: euforia, dada a possibilidade de aparecer na mídia, ou o terror de enfrentar um ser desconhecido. Os dois extremos são perigosos. De um lado, o ego fica incontrolável diante da possibilidade de virar celebridade, ainda que para muitos por apenas 15 minutos.[1] De outro, há o risco de uma reportagem ser desfavorável à sua empresa porque você se recusou a falar com o jornalista. O ideal é optar pelo caminho do meio:

1. Sempre que o jornalista o procurar, acione imediatamente a assessoria de imprensa. Nela você obterá o conhecimento técnico necessário para ajudá-lo.
2. Há uma correlação profissional e ética entre jornalistas e assessores de imprensa.
3. Cuidado com as entrevistas via redes sociais. Insista em uma intermediação com a assessoria de imprensa.
4. Jamais diga que não pode falar com ele sobre um assunto do qual é considerado fonte. Avalie a pauta com calma e, se for um assunto de sua área, combine com sua assessoria.

---

[1] Lembre-se que o ego é um ótimo servo, mas um péssimo senhor.

5. Anote sempre o nome do jornalista, da mídia social do veículo de comunicação em que trabalha e o assunto ou pauta da entrevista.
6. O jornalismo representa parte da sociedade e, por isso, deve ser atendido.[2] O jornalista não morde ninguém, é um representante de parte da opinião pública.
7. O jornalista, quando faz uma investigação, não busca apenas notícias negativas, mas as que avalia serem de interesse público.
8. Fazer tudo certo é o mínimo que se exige de uma corporação; e isso não viraliza nas redes sociais e tradicionais. Não espere benevolência.
9. Fontes acessíveis são mais respeitadas. Não se deve tentar enganar o jornalista, pois, se ele descobrir, o resultado vai ser dos piores para a organização e para a marca.
10. O tempo é curto para qualquer jornalista, mas aja adequadamente. Ele tem o tempo dele para apurar a notícia, e você tem o seu para se informar corretamente. Por isso, peça socorro à assessoria de imprensa.
11. A informação é a matéria-prima do jornalista, e assumir o papel de fonte significa se submeter a riscos e oportunidades.
12. O jornalista tem uma lista das piores qualidades de um entrevistado. Veja se você se enquadra: hostil, prolixo, evasivo, também conhecido como "bagre ensaboado", disperso, arroz de festa, maior sumidade no assunto, oráculo de Delfos, mago, soberbo, a última Coca-Cola do deserto, frase-pronta, fragilizado, chorão etc. Se não estiver em nenhuma dessas categorias, sua situação melhora. Mas, se estiver, só com a ajuda da assessoria de comunicação.

---

[2] A decisão de falar através da mídia jornalística deve ser estratégica para a corporação, por isso é preciso estar treinado.

Por que falar com a imprensa?

> *Jornalismo é o exercício diário da inteligência e a prática cotidiana do caráter.*
> — Cláudio Abramo

A imprensa pode contribuir para que sua organização obtenha o atributo de credibilidade. Não é o único caminho, mas é um dos mais percebidos pela sociedade. Ela ajuda a construir a admiração pela marca, porque tem grande influência na opinião pública.

A imprensa jornalística é de grande eficácia na comunicação com clientes e com todos os públicos com os quais se relaciona, os *stakeholders*. O custo de uma boa assessoria de imprensa é menor do que o de outras ferramentas. Um relacionamento ético e sólido com os jornalistas e com a mídia pode ser a diferença em um momento de crise, entre o declínio e o caminho mais curto para a solução da crise.

O sociólogo Manuel Castells, autor de *O ser em rede*, diz que o capitalismo está passando para uma nova fase, a do capitalismo informacional. Isso oferece um embasamento teórico para uma nova realidade que os gestores de empresas já sabem na prática: a economia está apoiada na comunicação e no desenvolvimento tecnológico. Sai, portanto, da fase do capitalismo financeiro e ingressa em uma nova era; e põe tudo de pernas para o ar. Não se assuste, mudanças sempre ocorreram e vão continuar ocorrendo. Porém, poucos conseguem entender que só é permanente o impermanente, como disse Siddartha. O processo econômico não para nunca, às vezes está mais acelerado, às vezes menos. O período em que vivemos é uma fase de transformações rapidíssimas e é preciso ficar com os olhos bem abertos para percebê-las e interpretá-las. O processo histórico está ativado e nada mais pode deter a sua marcha. Ou você acompanha as transformações e procura tirar delas o melhor proveito, ou vai ser superado e lançado à margem dos acontecimentos. A opção é sua. Uma das manifestações dessas mudanças é a intensificação das comunicações e a importância que tem para as empresas os gestores saberem utilizá-las. O avanço das comunicações é ao mesmo tempo causa e consequência das transformações sociais deste início de século. Dessa interação resulta uma comunicação que cada vez mais subverte diariamente as distâncias. A cada dia tudo fica mais perto. Em segundos, as notícias, seja de um leilão para compra de um lote de lingotes de alumínio, seja a declaração de que o presidente vai vetar o aumento do imposto de importados, atravessam a cidade, o país, a região, o continente e dão a volta ao mundo. A instantaneidade da difusão de notícias já não surpreende mais ninguém e o acompanhamento do abrir e fechar de bolsas de valores pelo mundo já se tornou corriqueiro.

É comum os noticiários da manhã informarem o desempenho das bolsas asiáticas e, caso ocorra algum fator inusitado, os jornalistas brasileiros saem para construir suas reportagens no momento em que os seus colegas japoneses estão indo para a cama. Quando eles acordarem poderão dar continuidade à reportagem e aí é a vez de os brasileiros descansarem. O perigo disso é a ocorrência do que se convencionou chamar de "circulação circular da notícia", ou seja, ela nunca para de se desdobrar e pode, perigosamente, se tornar repetitiva e falsa. Pergunte aos que especulam na bolsa de valores.

Não há como pensar a nova sociedade do Terceiro Milênio sem entender os caminhos da comunicação e sua importância econômica, política e social. Ignorar o processo em curso é ficar na contramão da história e se arriscar, tanto empresarial como pessoalmente, a ser levado de roldão pela multidão de novos comportamentos e mudanças. Portanto, todo cuidado é pouco em uma sociedade que se tornou globalmente competitiva. Essa história é contada conjuntamente por você e pelo jornalista através dos meios de comunicação.

Para construir esta ou outra reportagem, o jornalista precisa de uma fonte. Precisa da sua participação. Sem fonte não há notícia. Por isso o jornalista precisa que você conte fatos, dê testemunhos e sua opinião para que as reportagens possam ser desenvolvidas e divulgadas para toda a sociedade. Por isso os repórteres procuram cativá-lo — se eles o procuram é porque você é um bom informante e está em um lugar estrategicamente importante. Não se assuste com a palavra *informante*; é no bom sentido. Logo, você é um ator social que, além de exercer a sua profissão diária, contribui para a divulgação das notícias. Você pode ficar no seu escritório esperando um convite para dar uma entrevista em um programa de vídeo via Skype ou receber uma equipe de reportagem que vem colher um depoimento, uma sonora, ou você pode ligar para algum jornalista e oferecer a sua participação. Tanto no primeiro caso como no segundo, você deve estar preparado para "enfrentar" o jornalista e os desdobramentos que certamente a sua participação vai gerar. Ela será maior quanto maior for a polêmica da qual você participar.

No Brasil há exemplos notáveis de dirigentes de empresas que sabem usar a comunicação e com isso contribuem decisivamente para melhorar o resultado de suas empresas. Há os que se confundem com suas empresas de tal modo que não é possível falar de um sem lembrar automaticamente do outro. São pessoas que compreenderam os novos tempos e estão presentes na mídia com o sentido empresarial, e não apenas porque querem satisfazer o ego exacerbado. Você vê um avião, ou um saco de cimento, ou uma garrafa de refrigerante e imediatamente se lembra delas.

Contudo, nem todos se dispõem a pôr a cara na mídia. Fatores como o medo do ridículo, perfeccionismo exagerado, timidez, excesso de autocrítica, baixa autoestima e mágoas de experiências passadas malsucedidas podem quebrar o ânimo de algumas fontes. A possibilidade de o programa ser ao vivo aumenta tudo isso. Quem aceita o convite precisa ter consciência de que vai ser constantemente avaliado, primeiro pelo conteúdo das respostas e depois pelas mensagens corporais e faciais. O medo do ridículo atrapalha muito a comunicação e impossibilita que a pessoa se solte mais e consiga dar melhor o recado a que se propõe. Hoje, o que mais se espera de sua participação é que o conteúdo que você possui seja compartilhado de modo natural, autêntico, no tom mais coloquial possível, o que transforma o receptor da mensagem em seu cúmplice. Não é mais o "eu falo e você me escuta". Agora é "nós pensamos e agimos juntos". Para que isso se concretize é necessário que se entenda que o que faz a melhor comunicação é a orelha, e não a boca — em outras palavras, se você não souber se explicar de uma forma que o receptor da sua mensagem entenda, tudo vai por água abaixo.

Portanto, pegue uma caneta e sublinhe: o receptor é o senhor da comunicação.

O exercício mais eficaz para romper essas barreiras até o receptor é o preparo psicológico e do conteúdo que vai ser tratado. Aceitar falar de improviso é um risco até em uma festa de aniversário, quanto mais em um veículo que atinge uma quantidade inimaginável de pessoas. *Não se esqueça de que o melhor improviso é aquele que foi bem planejado.* Isso não tira a autenticidade do que você vai comunicar. Gaguejar não constrói, necessariamente, a credibilidade. Quem é que não conhece uma história engraçada de alguém na tevê que queria falar uma coisa e dizia outra? Às vezes, até pequenos lapsos de memória, como trocar um nome, podem pôr tudo a perder. Eu me lembro de um governador que trocava tanto os nomes que, quando ia falar, os jornalistas faziam um bolão para ver quantos erros cometeria.

Você pode fazer uma comunicação coletiva de um assunto que desperte interesse geral da mídia, mas pode também selecionar as plataformas e os veículos aos quais prefere dar essa entrevista. Logicamente, limitar o número pode provocar a reação dos jornalistas impedidos de participar, mas alguns entrevistados, temendo um bombardeio e sucumbir em meio a tanta pergunta, preferem selecionar um veículo, ou um de cada meio. Apesar da reação contrária, o entrevistado está apenas exercendo seu direito de escolha.

Estima-se que 95 por cento de todo o noticiário jornalístico são relatos e comentários de fatos programados por instituições interessadas, ou revelações e falas controladas por fontes organizadas. Ou seja, é cada vez maior o número de pessoas que rompem a barreira do mutismo e se tornam fontes de notícias. As empresas já entenderam a importância que isso tem até mesmo para seus resultados. A competitividade feroz, uma das características do capitalismo informacional, impõe às empresas e aos seus gestores a melhor utilização possível da mídia, para fortalecer a marca, difundir a missão e a visão da empresa. Toda oportunidade deve ser eficazmente aproveitada por uma fonte, uma vez que a aparição pública pode contribuir para divulgar uma ideia, marca ou produto, e aprofundar a admiração da sociedade sobre um produto ou bem oferecido. Nestes dias de competição global, a comunicação é tão importante como a estrutura financeira, de marketing ou de pessoal da empresa. Em suma, a comunicação é uma ação estratégica, e gestor nenhum pode se esquecer disso.

Qual empresa pode correr o risco de perder a credibilidade? Obviamente, nenhuma. Imagine um gasoduto pegando fogo, um grande derramamento de petróleo no terminal marítimo, uma lata de comida estragada ou o encontro de um prego na lata de refrigerante. Que crise fatos como esses podem provocar? Uma crise dessa ordem, inicialmente, derruba as ações na bolsa, prejudica mercados e pode caminhar rapidamente em direção a um desastre econômico. O gerador da crise pode ser uma notícia que circula em velocidade de bits por segundo. Por isso, gestores e empresas precisam ficar atentos e ter discernimento para avaliar qual fato pode atingir a empresa e evitá-lo antes que se torne um acontecimento. A credibilidade tem muito a ver com a imagem que a mídia divulga local ou globalmente. Por essa razão, as empresas precisam agregar gestores que tenham prática em lidar com as notícias, e nesse espaço competitivo não há lugar para amadorismos.

Lembro-me de um gasoduto que se incendiou às nove horas da manhã. Uma chusma de helicópteros da mídia correu para o local e em poucos minutos toda a cidade via ou ouvia detalhes de um imenso incêndio. A Internet foi invadida de fotos e comentários no WhatsApp, Instagram, Twitter, Facebook , Spotify , sites, blogs, e outras redes sociais.

Algum jornalista aventou a hipótese de que o gasoduto que ameaçava explodir poderia atingir todos os bairros por onde passava. Movimentaram-se bombeiros, polícia, defesa civil, técnicos de todas as empresas da região, resgates, ambulâncias. Populações foram retiradas, escolas e comércio fecharam à espera da catástrofe. Alguns minutos depois, alguém associou o gasoduto com a principal empresa de gás da cidade. Em pouquíssimo tempo, todos noticiavam que essa empresa era a responsável por tudo o que pudesse acontecer dali para a frente. Seu nome foi repetido à exaustão até o meio-dia.

Felizmente o gasoduto não explodiu, o incêndio foi controlado, o pânico se dispersou e a empresa dona do gasoduto não era aquela que todos diziam que era. Levou três horas para que alguém da empresa se dispusesse a juntar a imprensa e dizer a toda a cidade que ela não tinha nada a ver com o acidente. Que impressão você acha que ficou na cabeça dos moradores da cidade?

Do outro lado da telinha do celular, sentado na sala de casa ou na poltrona de um avião ou ônibus, está o receptor da notícia. Com wi-fi grátis. Você pode chamá-lo de cidadão, contribuinte ou consumidor[3]. Nessas condições, ele cada vez mais opina, influi e decide sobre o que gosta e o que julga importante para sua vida. Ele está lá vendo e formando sua opinião crítica continuamente. A mídia não para nunca de produzir informações, e ele não para nunca de ver. Esse é o xis da questão: você vai ou não dar importância a ele? O manual de sobrevivência na selva da competição global manda dar. Então, comece tornando-se uma fonte de notícias e falando com ele ou diretamente ou através dos jornalistas.

---

[3] Ou de acionista, fornecedor, colaborador, concorrente...

O que é, o que é?

> *Comunicação não é o que você diz, mas o que o outro entende.*
> — David Ogilvy

É preciso, antes de mais nada, entender que a imprensa produz jornalismo, que é um produto que atende às expectativas de credibilidade, qualidade, relevância e oportunidade do consumidor. A mídia sabe que não consegue vender notícia velha, por isso não tente dar notícia ultrapassada ao jornalista.

Os jornalistas transformam a informação em notícia e a propagam em meios de comunicação de massa ou não. Há, não só entre as empresas, mas também entre os meios, uma grande disputa pela notícia inédita, ou furo, que pode ser grande ou pequena, mas todos a querem. É verdade que, com as plataformas digitais, um furo não durma mais do que alguns segundos. uma revolução.

É necessário tomar mais cuidado. Uma vez que todos hoje tem imagem, e não mais só a velha e boa televisão. O jornalista vai armado de câmeras, mesmo que aparentemente só trabalhe para o que no passado se chamava de meio impresso.

Responda rápido: o que é, o que é que registra cenas da história da humanidade e é a janela para o eterno e o presente? Se você respondeu televisão, acertou. Contudo ela foi substituída pelo vídeo. A televisão como se conhecia no passado "morreu", como dizia o personagem da escolinha do professor Raimundo. É provável que os acontecimentos mais importantes dos últimos tempos você tenha acompanhado no seu computador, portátil ou não, e muitas vezes ao vivo, como no caso dos ataques terroristas ao World Trade Center em Nova York e ao Pentágono em Washington, ou da Copa do Mundo. A imagem está lá para que a gente acompanhe o desenrolar dos fatos, com pequena intervenção de quem quer que seja. Isso não quer dizer que a imagem prescinda da reflexão ou do trabalho jornalístico, mas é uma grande mudança na maneira de tomar contato com o que ocorre no mundo. E tudo com a interatividade.

É também uma demonstração de que as mídias digitais estão cada vez mais ágeis, se fundindo com o rádio, meio que se distingue por essa característica. Uma prova disso é o uso do celular por repórteres da CNN, que fazem transmissões de lugares considerados inacessíveis até bem pouco tempo atrás. Hoje há outros meios como o Skype, que eu uso muito no jornal da Record News e tenho acesso a fontes para entrevistas com maior facilidade. Diante das novas tecnologias, não é mais possível segurar notícia. Pergunte ao ditador de plantão, ou a um burocrata do Partido Comunista chinês. Todo mundo agora anda armado com uma caixinha que tira foto, filma, grava, manda e-mails e até fala com qualquer parte do mundo. E ela é também wireless. Como impedir que alguma coisa de interesse público, governamental ou corporativo se propague?

Há críticas ao trabalho jornalístico, que acusam parte dele de ser sensacionalista, com a exacerbação das emoções. Por isso é preciso separar espetáculo de informação, o que nem sempre é possível, uma vez que AS PLATAFORMAS buscam altos índices de audiência, e algumas redes ou alguns veículos preferem sacrificar a qualidade da notícia em função do número de receptores. Nem sempre os jornalistas estão preocupados com a exatidão da notícia, de maneira que cabe ao cidadão agir criticamente, denunciando e cobrando noticiários equilibrados, isentos e éticos. O cidadão não pode lavar as mãos como se não tivesse nada com isso, porque tem, como fonte, entrevistado, personagem de reportagens ou até mesmo anunciante. De uma forma ou de outra, entre os meios é a internet que tem a maior penetração na sociedade. No entanto é ainda a tevê quem recebe a maior parte da verba publicitária disponível. Ela, sozinha, abiscoita mais da metade de tudo o que se investe em publicidade no Brasil. A internet representa um fenômeno de massa de grande impacto na vida das pessoas, é um dispositivo audiovisual por meio do qual a sociedade divulga seus sonhos, feitos, crenças e anseios. Fiscalização da qualidade do que está sendo veiculado nada tem a ver com censura ou restrição da liberdade de imprensa. Tem a ver com o zap. Esse é o melhor fiscal para separar o que é bom do que é ruim. Basta apertar um botãozinho e a audiência de um programa que costuma espetacularizar a notícia cai mais do que o dólar. E para fazer essa seleção você nem precisa se afastar do copo de cerveja gelada da mesinha da sala. Com o desenvolvimento das novas mídias é possível ver, rever, debater, comentar qualquer reportagem, seja lá onde ela foi publicada. Os telejornais reportam o telespectador para os seus sites, para que assistam a partes das reportagens que não foram exibidas nos programas. Chamam, no ar, o endereço de outra mídia complementar. Jornais e revistas convidam seus leitores a ver no site as entrevistas por inteiro que só foram citadas. Os repórteres do jornalismo impresso há muito trocaram o bloquinho de anotações por um iPad e uma câmera digital de filmagem. Enfim, é o receptor da comunicação quem decide agora não só o que quer ver, ler, ouvir, mas também em que grau de profundidade. Nessa barafunda de confluência de mídias que pontifica os youtubers e influencers tem credibilidade? alguns sim. Muitos não.

A contribuição das imagens para a difusão da notícia é imensa, porém não se trata de reduzir o conhecimento da realidade apenas às imagens. O espírito crítico está sempre presente e usa o vídeo como uma das vias para melhor conhecer e entender o que se passa na sociedade. Um meio tão importante não pode ser esquecido por pessoas e entidades que têm alguma mensagem para transmitir para todos, pois aproxima as pessoas e cria personagens que ficam familiares aos internautas. E você pode ser uma dessas pessoas familiares, conhecidas, que dividem as esperanças, os sucessos e as angústias do dia a dia com milhões de outras pessoas espalhadas pelo Brasil e pelo mundo por meio da participação constante em entrevistas ou em reportagens de cunho jornalístico. Isso, obviamente, é muito diferente de pagar para aparecer em programas ou sites de colunismo social, ou como "entrevistado" em *talk shows*. Dependendo da sua atividade, esse tipo de programação contribui muito pouco para o sucesso de sua empresa, ou mesmo de sua carreira. Anote: há riscos.

Um instrumento tão poderoso precisa ficar sob o controle social, para que manipulações não aconteçam e falsas realidades não sejam construídas. Atenção: não confunda com censura. A liberdade de expressão está garantida na constituição. Não se esqueça de que sempre, mesmo nas transmissões ao vivo de um evento que esteja acontecendo, há a participação de pessoas no processo, e elas estão imbuídas de seus ideais, que são transferidos para o resultado final da reportagem. O mínimo que pode ocorrer de interferência provém do diretor de imagens, que diz o que vai e o que não vai para o ar. Esse é um desejo tão grande que, com a imagem digital, as pessoas controlam uma câmera exclusiva e reproduzem o que escolheram como mais importante. Qualquer um pode virar um diretor de conteúdo com os seus equipamentos de baixo custo, cada vez mais acessíveis economicamente. E simples de operar.

Já experimentou ver uma imagem sem qualquer som? Ou ouvi-la apenas como um podcast? De um jeito ou de outro, ela fica truncada. Ela é multirecional e exige um casamento perfeito entre imagem e som para encantar o internauta e cativá-lo para as mensagens que são transmitidas. Não para aí. Há vários programas que utilizam o *lettering*, ou o texto corrido na parte de baixo da tela. Vale tanto para novas informações, resumo das *headlines*, como o resultado dos jogos da rodada do campeonato de futebol, que é um outro assunto, mas os emissores avaliam que é relevante, esse é um fenômeno de confluência de mídias por onde navega o jornalismo. A tela mostra uma competição esportiva e, simultaneamente, informa todos os outros. Não bastam ao internauta o som e a imagem, é preciso mais, mais um canal de informação, o texto na tela.

1. A imprensa procura notícia porque é o que concerne ao maior número possível de pessoas interessadas no assunto. Além disso, ela afeta a opinião pública, total ou parcialmente.
2. O jornalista é um caçador de notícia e usa muitos métodos para consegui-la. Falo de métodos lícitos e éticos, é claro.
3. Ele tem liberdade para investigar, perguntar, propor pautas, mas está condicionado à orientação do veículo em que trabalha.
4. É dever do jornalista procurar mais de uma fonte, e, se houver dúvida, procurar mais uma, e mais outra, até que tenha convicção sobre o assunto que vai publicar. Ele só publica quando forma convicção.
5. Ele disputa, com outros jornalistas, as notícias inéditas, os furos de reportagem.
6. Portanto, a informação é a matéria-prima do jornalista.

O MUNDO CAÓTICO DAS REDES SOCIAIS

O YouTube surgiu em 2005 e foi comprado pelo gigante Google no ano seguinte, tal o sucesso da plataforma. Uma das estratégias para manter o usuário na rede é a adição de novos vídeos constantemente, e isso não falta. Há um despejo imenso a cada minuto no YouTube, e em uma verdadeira babel de línguas, gírias, dialetos e outros sons e imagens ininteligíveis. Bilhões de pessoas ao redor da Terra estão penduradas na plataforma, inclusive este jornalista tem o canal do Heródoto.

O YouTube conquistou mais audiência que a maioria dos canais abertos utilizando algoritmos e difundindo informações e notícias de toda ordem. Há como exigir a neutralidade da plataforma? Isto gerou uma polêmica mundial e as acusações partem de todos os lados.

Já o WhatsApp reúne aproximadamente dois bilhões de seres humanos. Quem não tem ou faz parte de um grupo, levante a mão. Ou pare de ler. Em 2014 foi comprado pelo popular Facebook. Assim como outras plataformas, também é considerado fonte de notícias, ainda que, inicialmente, era considerado um programa de comunicação interpessoal, seguro, criptografado e por isso apenas aberto ao emissor e o receptor.

De outro lado os canais pagos, a cabo, perdem consumidores, atacados por streamings como o Netflix e muitos outros. A Record News é um canal aberto, gratuito.

No meio dessa confusão brilha a inteligência artificial. Ela veio para ficar. Os cientistas abriram a caixa de Pandora da tecnologia e ela escapou. A Inteligência Artificial, ou AI (de Artificial Intelligence), com ela foram desenvolvidos programas capazes de coletar os números de telefones de milhares de pessoas no Facebook, segmentá-los de acordo com determinados interesses que vão do comportamento individual aos grandes negócios e tendências do mercado.

Os robôs, ou bots, fruto da AI, apresentam-se como usuários reais e são programados para disseminar notícias e informações e interagem com os demais usuários e colocam alguns temas em maior evidência do que outros. Eles podem provocar o efeito manada, ou seja, que milhares, talvez milhões de pessoas, possam ser atingidas por notícias falsas que desmontam reputações, negócios, governos etc.

Como avançar no caminho de Tebas

Decifra-me, ou devoro-te.
— *Esfinge*

Entrar no mundo da comunicação é mais do que uma satisfação para o ego, é uma necessidade imposta pelo novo capitalismo informacional do século XXI. E as organizações sabem disso. Avançar nesse caminho não significa matar o desejo de se tornar uma celebridade, mas sim em uma via que conduz ao sucesso e à sobrevivência neste mercado cada vez mais competitivo em produtos, ideias, posturas éticas, responsabilidade social, comprometimento com a comunidade local e outros. É um caminho fascinante, cheio de aventuras, é o admirável mundo novo da comunicação. Sem ele não há melhores resultados para a empresa, para a carreira profissional ou para a perenização de uma marca. Contudo, no caminho de Tebas, há uma esfinge cibernética que diz aos passantes o que disse a Édipo, quatro séculos antes de Cristo: "Decifra-me, ou devoro-te".

Minha missão é conduzi-lo em segurança por esse caminho, para que possa decifrar esse e outros monstros que surgirem pela frente. Você vai perceber que a maior parte deles é formada por verdadeiros Tigres de Papel, como dizia o Velho Timoneiro na época da Guerra Fria. O primeiro felino a ser desmontado é o de que jornalistas são inimigos e precisam ser abatidos. Outro tigrão a ser enfrentado é a instantaneidade das comunicações, ou seja, uma notícia, boa ou ruim, se espalha rapidamente pela cidade, região, país, continente e mundo. Não necessariamente nessa ordem, mas à velocidade da Internet, que já é o principal canal de distribuição de produtos, serviços e notícias do planeta. A era de ficar quietinho, sem aparecer na imprensa, já passou.

Se você não tomar a iniciativa de pôr a cara na mídia, outros fatores se incumbirão disso. Portanto, não é mais possível ater-se apenas aos negócios, deixando a mídia de fora, uma vez que no atual estágio das relações econômicas um está contido no outro. Não há mais como separá-los. A informação escassa e reservada apenas para uma elite é coisa do passado. A multiplicidade dos meios e a capilaridade das fontes de emissão proporcionadas por páginas na Internet, sejam de texto, de som, arquivos ou imagens, garantem a circulação da notícia como nunca aconteceu antes. Lembre-se de que qualquer internauta pode ser o editor, repórter, redator e diretor de um jornal na web, e esse jornal pode ter texto, áudio e imagem. Uma maravilha. Se você duvida de que isso tenha importância para a difusão de uma notícia, ligue para o Bill Clinton. Se der ocupado, ligue para a Mônica. Se você quiser entrar na mídia pela porta do fundo, contradizendo Rui Barbosa, que se recusou a ser matriculado na faculdade de direito porque não tinha idade, e isso seria entrar pela porta do fundo, anote aí algumas dicas da receita de como você pode bater de frente com o muro a mais de cem por hora:

- falsifique informações, abuse da confiança dos jornalistas, brigue com os fatos, pressione o jornalista de todas as formas possíveis, por exemplo, por meio das verbas de publicidade, desconsidere suas próprias contradições;
- invente dados estatísticos favoráveis à sua empresa e a você etc. etc. etc.;
- ah, já ia me esquecendo de pôr no ranking a pressão pessoal, política e empresarial sobre o jornalista;
- misture muito bem, leve ao fogo brando e espere a explosão na sua carreira com estilhaços na sua vida privada.

É bom ter em mente que as relações entre as instituições e a mídia nem sempre são pacíficas porque há um inevitável confronto de perspectivas. E isso é próprio de uma sociedade aberta, democrática. E a sociedade precisa ser informada da natureza desses confrontos. Há confrontos entre interesses particulares porque eles são legítimos.

A informação da população brasileira se deu, por circunstâncias históricas, por intermédio dos meios de comunicação eletrônicos, principalmente o rádio e a tevê. Só para estabelecer uma rápida comparação, no Brasil circulam 45 exemplares de jornal para cada mil habitantes, e está caindo. Por outro lado, o chamado horário nobre da televisão atingiu picos de 60 milhões de pessoas conectadas simultaneamente. Uma audiência acachapante. Imagine uma notícia que circule nesse horário, seu desdobramento em mídias sociais e o boca a boca do dia seguinte ampliado pelo WhatsApp. Em dois ou três dias dificilmente alguém vai ignorar o acontecimento. Se for para o bem da empresa, ótimo, se for para o mal... Com a inclusão digital e o acesso à banda larga no wi-fi, milhões transitam por mês na Internet. O acesso à internet passou a ser uma política pública, como eletricidade, água e esgoto, e todas as escolas do país estão conectadas.

O tempo destinado ao jornalismo cresce constantemente em todas as plataformas sociais, novos aplicativos exclusivos de notícias são inaugurados, os canais internacionais noticiam o Brasil. (Pergunte ao seu Jair.) Não mais para falar da ditadura militar, ou divulgar notícias que eram censuradas aqui. Hoje o noticiário é político, econômico, empresarial, financeiro e social. Grandes e pequenas empresas são alvos de reportagens exibidas na CNN, BBC, RAI, F5 Networks, Deutsche Welle, Sputinik etc. Tudo reforçado com os gigantes Google, Facebook, Twitter, YouTube. Os sites de notícias são tantos que vão de Reuters ao Druge Report. Uma boa parte da programação jornalística brasileira é ao vivo, com repórteres nas ruas, nos órgãos públicos, nos helicópteros, nas empresas, enfim, onde houver algo acontecendo. Todos com seus ágeis *smartphones* nas mãos. Quantas vezes você já viu repórteres dando notícias cobertos apenas por um slide com a foto dele ou a cidade de onde está falando? Ou via Skype. O que importa é a informação com imagem, mas, se não houver imagem, vai para o ar do mesmo jeito. Do Jornal Nacional da TV Globo a muitas outras plataformas de notícias usam essas ferramentas. Nos seminários e conferências, jornalistas mandam resumos para as suas empresas durante a realização do evento e que são publicados imediatamente nos sites. No final do encontro tudo é reescrito e até a opinião pode mudar.

Um dos grandes esforços da empresa está em alimentar, renovar, cultivar a imagem que tem na comunidade e para seus clientes. A mídia pode dar uma grande contribuição para isso, desde que bem aproveitada, uma vez que é o canal que forma, dialoga e alimenta continuamente a imagem da empresa, de empresários e de outras personalidades. Esse mundo, desconhecido para alguns, é que você tem de enfrentar, ao lado de outros aprimoramentos pessoais. Os MBAs de gestão administrativa, marketing ou recursos humanos são comuns e constam do currículo de muitos gestores; contudo, um MBA em comunicação é raro. Principalmente porque alguns acham que isso é coisa de assessoria de imprensa ou perda de tempo. O que é um engano; como pode ser possível dirigir uma empresa ou uma carreira na era do capitalismo informacional sem conhecer absolutamente nada de teoria e prática de comunicação? Neste livro você encontra algumas dicas do caminho de Tebas, além de indicações de outros livros.

Em breve, quando a esfinge apresentar o enigma de qual é o animal que primeiro anda com quatro, depois com duas e por fim com três pernas, você poderá responder com segurança, no site de maior audiência do país na maior rede de Internet: será um homem treinado para a comunicação.

Os jornalistas divulgam cada vez mais as marcas, globais ou não. Elas estão cada vez mais familiares aos stakeholders. Obviamente a construção de uma marca é um processo demorado, onde há ações de mercado, publicidade, marketing, inovação, gestão, funcionalidade, custo etc. No entanto, uma parte do valor intangível da marca é construída pelo jornalismo em suas múltiplas plataformas. Essa divulgação pode se constituir no diferencial competitivo no mercado e refletir mesmo no preço das ações na bolsa de valores.

Há inúmeros teóricos sobre o capital representado pela marca, uma vez que ela é um ativo da organização: como expor esse valor à opinião pública, ao julgamento dos stakeholders em segurança? Essa é uma ação constituinte das competentes assessorias de comunicação, que são proativas e também treinam eficientemente seus porta-vozes. Volto a dizer: é uma decisão estratégica.

Pergunte ao jornalista que vai entrevistá-lo em que veículo ou plataforma ele trabalha. Provavelmente ele vai dizer que em todos. Ou seja, o conteúdo que produz é divulgado em tantas plataformas, que nem ele sabe ao certo quantos são. Os noticiários hoje são multiplataformas, inclusive o Jornal da Record News. Eu também não sei mais em que plataforma trabalho. Vai do áudio no podcast à imagem na televisão aberta. Por isso, avalie que o poder de divulgação do jornalista aumentou muito.

Fontes jorram notícias

Jornalistas são enviados do Diabo.
— Kierkegaard

Você é um dos que acreditam no filósofo aí de cima inimigo dos jornalistas?

A afirmação é apenas uma provocação, uma vez que para ser bem compreendida é preciso ser contextualizada.

Há quem reclame que não tem o espaço que merece nas mídias sociais. Na opinião dessas pessoas, os jornalistas são despreparados e não conseguem visualizar as notícias que eles têm para dar. É verdade que existe muito jornalista despreparado tanto para o tema da reportagem como para a profissão. Contudo, essa generalização é tão ruim para a conquista de espaço na mídia como imaginar que, só porque você é amigo de um jornalista, isso vai acontecer. Insisto que a fonte não pode ser amiga do jornalista.

Sempre é bom ter noção do ideal para orientar o caminho real. A fonte é a pessoa que tem uma informação para dar. A fonte ideal é aquela que acumula reputação, credibilidade e sensibilidade para o interesse público, que possui habilidade de fornecer notícias exclusivas e interessantes e tem intimidade com a importância social da mídia. Os jornalistas sabem muito bem que sem fontes não há jornalismo e, por isso, se esforçam para seduzi-las e preservá-las, se possível nos locais mais estratégicos. Portanto, se você quiser ser uma personagem das mídias sociais, tem que resolver o primeiro enigma: quer ou não quer virar fonte? Se não quiser, feche o livro e peça seu dinheiro de volta — para o editor, é claro. Se quiser, vá em frente. A entrevista de sucesso corporativa é aquela em que a fonte consegue colocar o maior número possível de *key messages* na reportagem. Por sua vez, o jornalista tira do texto todas as *keys* que são apenas marketing e não têm conteúdo de interesse público. Portanto, há um embate intelectual no encontro entre jornalista e fonte. Pode até substituir por jornalista *versus* fonte. É bom saber que ninguém vai para um encontro para perder. Para isso é preciso ter o domínio da entrevista. Se a fonte não consegue dominar, certamente o jornalista conseguirá. Portanto ambos devem estar preparados, a fonte com as *keys* sobre a pauta desejada, e o jornalista com as suas perguntas. O resultado deve ser uma matéria jornalística, portanto de interesse público.

1. Se você entende a importância de se tornar fonte de notícias, cuidado com o efeito holofote. Ao acender uma luz, você sai falando o que der na telha. Ficará conhecido como um falastrão incontrolável, que fala mal dos concorrentes, dos adversários, e acabará perdendo toda a credibilidade.
2. O falastrão em pouco tempo deixa de ser procurado porque suas notícias não são revestidas de veracidade. Vez por outra, tenta plantar notícias ruins dos seus concorrentes e desmente informações, mesmo verdadeiras, quando elas atingem seu negócio.
3. Há quem considere que falar para as mídias sociais é mais arte do que técnica. Eu pessoalmente não concordo. Salvo algumas exceções, é possível aprender a falar bem, com exatidão e colher os frutos desse aprendizado.
4. Não se impressione se o jornalista checar com outras fontes uma informação passada por você, inclusive com a concorrência. O jornalista precisa duvidar sempre. Faz parte do seu trabalho diário. Não se melindre. Não há alternativa.
5. Se você quer se tornar uma fonte permanente de notícias, não se esqueça nunca de manter transparência, originalidade e humildade. Não tente se transformar no oráculo de Delfos, inacessível aos mortais comuns, nem espere pela chegada do jornalista/pitonisa para dar uma notícia importante. Sua simpatia pode ser grande com o público, mas o que o mantém na mídia é a qualidade das notícias que tem para divulgar.
6. Não seja estrela. Elas se apagam e dificilmente voltam a acender. Qualquer um que sumir da telinha seis meses some também da

memória do cotidiano do internauta. Isso vale tanto para fontes com lantejoulas como para jornalistas que se julgam a última Coca-Cola do deserto. Há vários e vários exemplos aí na praça.

7. Falou, tem que arcar com as consequências. Por isso não peça para ocultar seu nome em uma reportagem na qual você fala mal do seu concorrente ou adversário. Simplesmente não fale mal de ninguém. Divergir é uma coisa, caluniar é outra. Essa é uma daquelas histórias em que o feitiço vira contra o feiticeiro. Para piorar tudo, só falta você pedir a cumplicidade do jornalista para tudo dar errado.

8. Outra postura que influi no presente e no futuro é negar uma notícia verdadeira que lhe provocou danos na imagem ou na carreira. Notícia verdadeira não se desmente, enfrenta-se. Assume-se a responsabilidade.

9. Você é dos que distribui dossiês falsos? Então vá se preparando para prestar contas à polícia, à justiça e dê adeus à sua participação na mídia. É um ato que jornalista nenhum aceita, e o máximo que ele faz é deletar seu contato da agenda dele.

10. Os jornalistas procuram as fontes também porque elas conhecem em profundidade os assuntos de interesse geral e são capazes de falar sobre detalhes específicos. Os jornalistas, geralmente, não são especialistas em determinados assuntos. Alguns até são, mas a maioria não é, e por isso há um jargão no meio que diz que jornalista é especializado em superficialidades. Pode até ser verdade, mas não tente enrolá-lo, porque o jornalista pode não saber, mas ele sabe quem sabe. Ou seja, ele vai procurar especialistas que expliquem e confrontem declarações dadas por entrevistados. Por isso, não tente se prevalecer dos seus conhecimentos técnicos para enganar a mídia. Você poderá se dar mal e pagar um preço alto.

11. Os jornalistas não querem notícia/commodity, ou seja, dados que podem ser obtidos em balanços, em indicadores públicos ou no Google. Querem interpretações, opiniões sobre temas de relevância econômica ou política.

12. Não se assuste se o jornalista quiser saber por que você quer o anonimato na matéria. Seja sincero como sempre.

13. Em que situação o jornalista pode, eticamente, romper o segredo da fonte? Quando ela usa de dolo, má-fé ou gera uma notícia falsa. Portanto, preste atenção nisso.

14. Vou repetir o título deste capítulo: *Fontes jorram notícias*. Isso quer dizer que se consegue informações em *off* que normalmente não se consegue em *on*. As fontes fornecem muito mais notícias em *off* do que em *on*.
15. Os jornalistas procuram mais do que entrevistados com grandes currículos, procuram pessoas competentes em determinados assuntos. Querem o melhor no tema, por isso, se você for igual ou pior do que outros especialistas no tema, fique em casa. Não aceite dar entrevista. Espere sua especialidade. Não corra o risco de ser considerado um picareta que fala sobre qualquer assunto.
16. Você é a sua palavra. Prometeu, tem que cumprir, por isso, meça bem o que vai dizer. Não vá plantar dragões e colher pulgas, como disse Marx.
17. Supere as expectativas dos stakeholders e dos jornalistas. Surpreenda-os com a qualidade e a clareza das informações que você pretende divulgar. Isso vai ficar gravado para sempre na mente deles. Eles passarão a admirá-lo e a vê-lo com simpatia sempre que pintar na mídia.

Milton Santos disse que comunicação é troca de emoção, e o ato de encantar o interlocutor é semelhante ao de encantar outros públicos da organização.

GLOBALIZAÇÃO E O COMPARTILHAMENTO DE VÍDEO

Não é só o capitalismo que passa por uma fase de globalização. Quer Trump, quer não queira, não há como voltar atrás. Com a China ou sem ela. É só dar uma olhadinha na história para comprovar a evolução do capitalismo. Tudo ajuda nessa direção, principalmente o rápido avança tecnológico com o wi-fi acessível gratuitamente em todo o planeta. Por isso, não é e nem será possível impedir a divulgação de informações e notícias. As plataformas ganham acesso globais, e mesmo que o público não saiba ler em coreano, ou alemão, basta pedir ao dr. Google ou qualquer outro aplicativo que traduza. Uma história contada sobre uma pessoa ou corporação não para na fronteira do país de origem, dá inúmeras voltas no mundo mesmo antes dos personagens esboçarem uma reação. Prepare-se. Planeje a comunicação de sua marca. Não seja atropelado pelos enlouquecidos bits e bytes.

Os conflitos intermináveis

A imprensa é a artilharia da liberdade.
—*Winston Churchill*

O cidadão aí de cima é aquele que fumava charuto, gostava de conhaque, usava bengala e foi eleito primeiro-ministro no meio da Segunda Guerra Mundial. Portanto, de artilharia ele entende; e de fonte também. E é sua a frase: "Nunca tantos deveram tanto a tão poucos".

Não há como impedir os conflitos entre imprensa, empresas e fontes. Eles são inerentes ao ato de garimpar notícias e publicá-las. Há momentos de calmaria, mas o mais constante é a existência de uma situação conflituosa com maior ou menor intensidade. Em parte, esses conflitos são provocados pelo desejo dos jornalistas de exercerem a independência, o que é bom para toda a sociedade. Essa independência transparece em algumas situações, como em confrontos entre os interesses da comunidade e de determinada empresa, quando ele dificilmente ficará contra a comunidade, ainda que a empresa destine grandes verbas de publicidade ao portal em que ele trabalha. Há casos em que o jornalista aposta o seu emprego para defender determinadas convicções, portanto, é bom que você saiba que certos assuntos são muito delicados. Um deles é que a fonte precisa entender que tudo o que disser vai ser atribuído à marca, especialmente se ela tiver alguma participação na hierarquia da organização. Não importa se é o CEO ou o encarregado de um dos turnos de produção. A notícia sempre será atribuída à marca, cada vez mais conhecida, globalizada e familiar a todos. Assim, se alguém da direção da Reserva Mahayana der uma informação, a mídia vai publicar Mahayana disse, falou, comprou, adquiriu ou admitiu que... E por aí vai. A fonte perguntada não responde por si, responde sempre pela empresa, mesmo que o jornalista pergunte qual a sua opinião pessoal ou de cidadão. Todo o crédito vai direto para a marca. Não seja ingênuo porque o jornalista não é.

É bom você entender que o conflito entre os particulares interessa ao jornalismo porque interessa à opinião pública. Não se trata de uma forma de explorar apenas o que é ruim. É que sem confronto não há notícia, e a maioria das fontes e entrevistados não entende isso. Não há nisso qualquer perseguição de qualquer ordem contra esta ou aquela empresa.

1. Não se surpreenda se a imprensa, no dia a dia, privilegiar o conflito. A sociedade cobra dos jornalistas a sua divulgação.
2. Os jornalistas querem notícias; se possível, sempre as de maior impacto na opinião pública, e elas podem não ser as mais favoráveis à sua empresa. Se a cobertura não for aquela que você acha que sua empresa merece, não faça represália retirando a publicidade dos veículos que o criticam. Se isso ocorrer, pode surgir mais um conflito, e que certamente vai ser noticiado, aumentando sua exposição negativa ao público.
3. Antes de dar uma entrevista, lembre-se de que esse ato não termina impunemente, para o bem ou para o mal, devido aos reflexos pessoais, comerciais e sociais que provoca; é uma decisão política.
4. Entre os atritos totalmente dispensáveis está o de querer brigar com os fatos, com a notícia. Isso é ruim tanto para a fonte como para o próprio jornalista.
5. Não tenha receio de explicar os pontos negativos e, se for preciso, rebatê-los. O relacionamento com as mídias sociais deve ser transparente, e ninguém vai conseguir varrer a sujeira para debaixo do tapete sem que pelo menos um jornalista não perceba. Há um caso famoso de um laboratório que tentou esconder a fabricação de placebo, vendido como anticoncepcional. Deu confusão para mais de metro e até atingiu outro gigante da indústria farmacêutica, que não tinha nada com o peixe. Ou melhor, com as pílulas. Em vez de convocar uma entrevista coletiva e explicar que as pílulas anticoncepcionais haviam sido rotuladas em seu estoque e vendidas nas farmácias, eles ficaram

mais calados do que político flagrado com a mão na cumbuca. Resultado: quando a barriga de algumas mulheres começou a crescer, e elas não tinham engolido uma melancia, foi um "pega geral".

6. O conflito pode ser acalorado, polêmico e até ríspido. Contudo, você deve entender que o que está em jogo não são questões de ordem pessoal.
7. O exibicionismo de parte a parte é outro motivo de conflito. Há jornalistas exibicionistas, que passam a impressão de que sabem mais do que o entrevistado, mas também são hábeis em criar situações em que o entrevistado se enforca na corda de suas próprias contradições.
8. Releve o entrevistador-estrela, aquele que se julga mais importante do que a notícia e a fonte. O cidadão percebe claramente a figura.
9. O denuncismo é uma prática que irrita a fonte porque atinge a empresa desnecessariamente com notícias inverídicas. Contudo, há notícias procedentes, em consequência de denúncia, e é bom que todos entendam que esta representa um importante serviço público.
10. A busca de novos espaços como a defesa da empresa em matérias investigativas.
11. É comum que em momentos de crise a atitude da empresa seja se encolher, imitando um avestruz que esconde a cabeça na areia. Isso, perdoe-me o avestruz, abre um leque extraordinário de notícias que atingem a marca e o dirigente da empresa.
12. Nada melhor para combater uma crise do que uma transparente visão estratégica, definições claras e conduta correta. Não há crise que resista a essa receita da vovó. Afora isso, é só mais confusão e noticiário negativo. Esconder é o pior remédio. A pior opção. A imprensa de uma forma ou de outra descobre, e a enxurrada de notícias desfavoráveis é antecedida por questionamentos de ordem ética e moral. Pode ter certeza de que o estrago vai ser muito maior.
13. O diálogo não é só saudável para a democracia. Os conflitos não são resolvidos violentamente, mas por meio de uma ativa participação nas plataformas digitais.
14. Saber se comunicar significa ter uma grande vantagem competitiva em relação aos concorrentes.
15. Não esqueça que, em uma crise de grandes proporções, saber se comunicar pode ser a diferença entre a vida e a morte de uma

empresa. Com a utilização de informações incorretas, coisas que a mídia não pode admitir, nem a sociedade, a situação ainda é pior: você se lembra de uma empresa que produzia palmitos em conserva falsamente acusada de vender produto estragado, causador de doença mortal? Depois de algum tempo se descobriu que isso não era *fake*. Como foi o processo de se defender de acusações falsas inicialmente e depois de recuperar a imagem, a marca e os clientes?

16. Se você é um executivo de uma empresa, tenha em mente que deve estar imbuído do discurso institucional da empresa nas entrevistas. Nessas questões não é possível separar a opinião do gestor da opinião do cidadão. Portanto, opinar como cidadão dá na mesma, vai ser atribuído ao gestor. Nas empresas há normas de delegação de responsabilidade que são do conhecimento de todos.

17. Um jornalista que parte para uma entrevista com o responsável por uma empresa pode também buscar informações com uma empresa concorrente. Isso é totalmente válido e ajuda o desenvolvimento do assunto. Não se assuste com isso, uma vez que, como dissemos anteriormente, é obrigação do jornalista duvidar sempre, e nada melhor do que a concorrência para colaborar com a polêmica.

18. É comum que, antes de uma entrevista com o governador, o jornalista converse com os deputados estaduais da oposição, ou com vereadores, no caso do prefeito, ou outros parlamentares, quando falar com o presidente. Se você se enquadrar em um desses casos, esteja preparado para ouvir do jornalista argumentos que, geralmente, são usados pela oposição. Não entenda isso como um desafio nem parta para o confronto. Certa vez, no Roda Viva, em uma entrevista com os presidenciáveis, perguntei ao candidato tucano José Serra sobre o preço dos pedágios em São Paulo. Ele, rispidamente, me acusou de usar um "tro-lo-ló" petista. A celeuma que isso provocou certamente não o ajudou a vencer a petista Dilma Rousseff.

19. Uma empresa, marca ou imagem se constrói ao longo de anos e anos de ações, e esse processo envolve muita gente. Isso não quer dizer que uma ou outra pessoa não tenha dado uma colaboração maior para o projeto em andamento e é até considerada "pai da ideia", e se apresenta na imprensa como tal. No entanto, cuidado com o efeito Ramsés II. Esse faraó, famosíssimo por ter se envolvido em

vários episódios da sua época, entre eles a partida dos judeus para a Terra Prometida, era useiro e vezeiro em apagar o nome de seus antecessores dos monumentos e construções. E mandava colocar o seu. Como você vê, esse golpe que alguns, sobretudo políticos, mas gestores também, usam hoje em dia é mais velho do que amarrar cachorro com linguiça. Ramsés queria se tornar imortal por meio de obras arquitetônicas; gestores querem ser reconhecidos como grandes inovadores. Por isso, nas entrevistas, eles costumam atribuir a si mesmos méritos e ideias que não lhes pertencem. Se o jornalista descobrir isso, terá em mãos um prato cheio para uma reportagem belíssima, com cenas explícitas de desmascaramento. Há um caso famoso de um dirigente de uma grande multinacional de eletricidade que lançou um livro e reconheceu que era um Ramsés eletrônico. No campo político, ninguém bateu o ex-presidente Lula: "Nunca antes neste país..."

20. Se você der uma olhadinha no código de ética dos jornalistas, verá escrito que quem se apropria de informações ou ideias de outro, ou que clona artigos e reportagens, é considerado pirata. Mais ou menos a mesma coisa ocorre com empresários e gestores. Não seja dono da verdade, não se aproprie de méritos alheios; em suma, não minta. Nem mesmo quando a luz dos refletores acender e você tiver a sensação de que é uma estrela... do filme *Priscilla, a rainha do deserto*.
21. Aproveite a oportunidade para afirmar e reafirmar o seu ponto de vista. Use e abuse das *keys*.
22. É possível começar de novo uma resposta de uma reportagem. Mas procure evitar isso, pois tudo está gravado... Ou, na maioria das vezes, ao vivo.
23. Se tiver uma frase de efeito, use-a na primeira resposta, e, se possível, repita ao longo da notícia.
24. Pode-se conversar com o jornalista sobre a entrevista, mas lembre-se de que é tudo *on*, ou seja, tudo pode ser publicado e atribuído à marca e a você.
25. É desejável que o assessor de imprensa acompanhe a entrevista. Ele pode anotar os pontos fortes e fracos e dar-lhe um *feedback*. Isto não quer dizer que possa interferir no processo nem ficar em uma posição de pressão sobre o entrevistador.

26. Mudar de opinião ou de números apresentados antes de a reportagem ter sido publicada dá um bode dos diabos. Só se faz isso em último caso.
27. Sua entrevista ou matéria pode não ser publicada. Por qualquer motivo, ela pode "subir no telhado" ou "cair".
28. A assessoria deve acompanhar a publicação e saber por que a matéria não foi apresentada.

Afinal, o que é a notícia?

As boas notícias chegam sempre tarde; as más, rapidissimamente.
— Fr. Bodenstedt

Segundo o Observatório da Imprensa, quando a notícia é transformada em espetáculo, quem perde é a verdade. É célebre a frase de Charles Anderson Dava que diz que quando o cachorro morde uma pessoa, isto não é notícia, mas quando uma pessoa morde um cachorro, isto é notícia. Há ainda os mais contundentes, como A. J. Liebling, que afirmaram que as pessoas não param de confundir com notícias o que leem nos jornais.

Notícia é um fato que provoca interesse da sociedade. A notícia é uma forma original de ver um acontecimento que escapa à rotina, e mostra uma nova realidade nascente. Ela desafia todas as regras de memorização ou, em outras palavras, ninguém esquece um produto, uma marca, uma iniciativa que desperte interesse. Uma notícia também é lembrada porque contém algo que prende o interesse de quem toma conhecimento dela. O valor da notícia aumenta de acordo com a sua naturalidade e o conteúdo polêmico que possui, uma vez que esses elementos atraem mais a atenção do telespectador. A apuração e a seleção de notícias devem ser as mais criteriosas possíveis, sob pena de se cometer erros que provocam prejuízos morais e materiais a pessoas instituições ou empresas. Não vou defender as mancadas que os jornalistas, inclusive eu, damos no dia a dia.

Elas são injustificáveis, mas explicáveis. Imagine a rotina de um jornalista. Se na sua empresa há uma preocupação com mudanças, atualização, acompanhamento do desenvolvimento gerencial, organizacional e produtivo, imagine o ritmo das notícias em uma sociedade cada vez mais rápida e globalizada, vivendo intensamente a era do capitalismo informacional, como diz o sociólogo Manuel Castells. É nesse mundo de rapidíssimas transformações que o jornalista está imerso e, por estar pressionado pela velocidade dos concorrentes, quer saber de tudo, separar o que considera irrelevante e reter a notícia para publicar.

Avalie o meu caso, participo de um podcast no portal R7, com reunião de pauta nas redes sociais da Record News, chamadas no ar, ancoragem do jornal na tevê e mídias sociais simultaneamente, quatro *lives* durante o programa, publicação de textos no Facebook, Twitter, resumo no WhatsApp e outras atividades de construção do noticiário em parceria com a equipe. Ah, esqueci de dizer que alimento o site herodoto.com.br e envio artigos para inúmeros sites.

Há uma diferença entre informação e notícia. Uma empresa pode publicar um informe publicitário, mas a notícia sobre o mesmo assunto está na reportagem, geralmente, no mesmo portal de comunicação. A notícia pressupõe algum valor de opinião, ou interpretação; já a informação pode ou não ser transformada em notícia. Relatar a fusão de duas empresas é uma informação, explicar por que se fundiram, em que condições, quais as consequências para o mercado é uma notícia.

Em outras palavras, informação é a matéria-prima da notícia. Repito.

Os jornalistas usam as informações como matéria-prima de suas reportagens, ou melhor, como ponto de partida para a construção de uma história que apresente para a sociedade como, quando, onde, quem, e por que isto ocorreu. Reforço que reportagens só são publicadas quando o jornalista forma convicção do que conseguiu apurar através de fontes, pesquisa, análises etc.

1. Há muito tempo os jornalistas não usam mais o jargão para identificar o que é notícia: aquela história de que não é notícia quando o cachorro morde o homem, mas só quando o homem morde o cachorro, como já disse anteriormente. Ou não é notícia quando o cachorro balança o rabo, só quando o rabo balança o cachorro. Isso é ultrapassado.
2. É notícia tudo o que for do interesse da sociedade e provocar alguma reação em um grupo de pessoas.

3. Uma reportagem jornalística, geralmente, começa respondendo às perguntas: "o quê?", "quem?", "quando?", "como?", "por quê?" e "onde?". Avalie de que maneira você pode contribuir para o desenvolvimento de uma reportagem respondendo a uma dessas perguntas.
4. Do ponto de vista mercadológico, a notícia é um produto que, como outro qualquer, precisa de uma embalagem adequada para atrair a atenção do consumidor. Contudo, não é dessa forma que os jornalistas entendem. Eles estão imbuídos de um ideal, de um comprometimento com a verdade, da importância social e política para a construção de uma democracia.
5. Não menospreze o jornalista mesmo que você tenha conhecimento profundo de determinado assunto que ele não tenha. Não seja arrogante por causa disso, porque esse comportamento não facilitará a entrevista e o público poderá considerá-lo repugnante. Além disso, repito para você decorar: jornalista não sabe de tudo, mas sabe quem sabe. E pode usar isso contra você.
6. Os jornalistas trabalham com *deadline*, não importa em que plataforma eles atuam. O fechamento se dá na hora que publicam. Eles têm hora para fechar a sua reportagem ou entrevista. Se você não tem certeza de que pode atender a um compromisso, diga claramente. Não deixe para a última hora. Isso complica a vida de todos os envolvidos. Em represália, alguns podem optar por não convidá-lo mais.
7. Não se esqueça de que os jornalistas — na rua, na redação, no *smartphone* ou no teclado — estão sempre à procura de flagrantes de denúncias ou entrevistas bombásticas. Portanto, se você representa uma marca, não baixe a guarda nunca.
8. Lembre-se: se fizer algum pacto com um jornalista para dar entrevista ou notícia, o acordo deve ficar nos limites estritos da ética. Assim, se você não quer tocar em determinado assunto em uma entrevista, negocie antes. O jornalista pode ou não aceitar. Se as condições forem aceitas, mantenha a palavra, e exija que ele cumpra a dele.
9. Cuidado com o *off*. Declarações publicadas sem a nomeação da fonte é uma das formas mais eficazes de se conseguir notícias. A maior parte do noticiário publicado diariamente é obtida por essa técnica consagrada no jornalismo do mundo todo. Sem off os sites de notícias emagreceriam como se estivessem em um spa e o noticiário de

tevê se reduziria a uma sequência de *talking heads*. Ia ser muito chato. O recurso de não citar a fonte ou é um pedido dela ou o que foi dito é tão pouco relevante que não vale a pena citá-la. Não se aborreça se seu nome não sair no jornal nem sua cara no site de notícias mais acessado. Muita fonte não sai nem na capa do site nem na telinha à noite. Contudo, o *off* exige uma relação de respeito entre a fonte e o jornalista. Não se fala em *off* com jornalista desconhecido.

10. É importante se tornar uma fonte de notícias, mesmo em *off*. No entanto, lembre-se de que, se o que for dito é de inquestionável interesse público, o jornalista pode, excepcionalmente, quebrar sua palavra e publicar a fonte. É uma exceção, mas ela existe.
11. Tudo o que for dito na proximidade de um jornalista ele pode publicar, por isso, se você não quer que ele divulgue fatos que não são do seu interesse, não fale perto dele. Principalmente nos momentos antes e depois de uma entrevista formal. Se você conversar com um colega da empresa sobre assunto de interesse público, e o jornalista ouvir, ele publica. Há algum constrangimento ético nisso? Não, não há.
12. A última decisão é sempre do entrevistado. Se você for maltratado ao vivo, obrigado ou induzido a responder o que não quer, impedido de concluir seus pensamentos, vá embora. Levante da mesa e deixe o programa. Já vi isso mais de uma vez.
13. Não se intimide mesmo diante dos jornalistas mais famosos. Eles são seres humanos como outro qualquer. Trate-os bem, porém não se subestime, nem os corteje. Não incentive o ego do entrevistador, que muitas vezes já é insuportável. Estou falando por mim, é claro.
14. Após a entrevista, não faça comentários a respeito do seu desempenho, nem do entrevistador, nem com a produção do programa, nem com seus assessores. Cabeça quente não é boa para fazer análises. Deixe para o dia seguinte. Se possível, reveja a gravação do programa com mais alguém e peça críticas à sua atuação. Procure aprender com seus erros. São o melhor professor de mídia training.
15. Procure distinguir bem se o jornalista está formulando perguntas ou fazendo afirmações para que você concorde com elas. É preciso cuidado com essa estratégia. Em situação de confronto, não hesite em questionar se ele está perguntando ou afirmando. Se estiver

afirmando, você não tem nada a dizer, pois foi convidado para uma entrevista, e não para um debate.
16. A empresa que não se comunica corretamente perde dinheiro, uma vez que a comunicação responde pela circulação de riqueza na sociedade.
17. Não se esqueça de que você não está à procura dos 15 segundos de glória que todo mundo que vive na sociedade da informação tem o direito a ter. Sua participação no dia a dia se deve às notícias que tem para anunciar, e não a um culto de personalidade. É bom ficar bem claro que um executivo, quando dá entrevista, não fala por si mesmo. Tudo o que ele disser será entendido como o pensamento da empresa que ele representa.
18. Não reivindique coberturas jornalísticas para as realizações sociais ou beneméritas de sua empresa; o jornalismo é movido por outros parâmetros além do de divulgar necessariamente o que você acha que deva ser divulgado. Hoje há um imenso espaço para a divulgação da ação social da empresa e, consequentemente, para você. Ela aumenta cada vez mais com a importância de ações sociais do terceiro setor. Portanto, informe-se e atualize-se sobre as ações sociais nessa área que é tão importante quanto outra qualquer, e esteja pronto para aceitar convites para entrevistas. Não faça confusão entre ações sociais e marketing. É muito ruim ver uma pessoa que, em vez de se limitar a falar de voluntariado ou de ações sociais, se aproveita para fazer marketing rançoso e fora de hora do seu produto ou empresa. Há empresas que gastam cinco em ações sociais e 95 para divulgá-las. Não faça o mesmo. Fique restrito ao tema, o retorno virá automaticamente. Acostume-se com as críticas do noticiário.
19. Há empresas que permitem que seus gerentes falem sobre os assuntos técnicos que as envolvem. Assim, se uma fábrica de cimento polui o ar de uma cidade, quem fala mesmo com melhor conhecimento de causa é o gerente da fábrica, e não o executivo da holding. Este deve se reservar a falar dos assuntos institucionais e corporativos. Não esqueça de se perguntar se tem autorização da empresa para falar sobre o assunto.
20. Como eu já disse, o jornalista não sabe tudo, ele pode não conhecer bem o assunto objeto da entrevista ou mesmo não saber nada. Tome cuidado para não melindrá-lo, mostrando delicadamente que

ele não conhece o assunto. Procure, antes da entrevista, de maneira didática, explicar coisas que possam ajudá-lo a formular a você boas perguntas. Quem faz a comunicação é a orelha, e não a boca. Repito mais uma vez.

21. Deixe o kit de informações técnicas para depois da entrevista, ou então a assessoria de imprensa deve enviar com antecedência. Se ele não ler, não fique irritado, essa não é uma lição de casa que deixamos de fazer.

22. Depois de dar uma entrevista, sugira novas pautas para o repórter, deixe a porta aberta para novos contatos sobre outros assuntos. Deixe seu cartão e não se esqueça de anotar o nome de sua secretária e, discretamente, o assunto que você fala. Se deixar só o cartão, o jornalista esque-ce. Faça isso de forma discreta, não seja pegajoso, chato ou mala.

23. Não se impressione com a palavra *âncora* usada com tanto respeito pelos jornalistas. É sonho de todos um dia se tornar um. Ele é apenas um jornalista que, além de apresentar o programa, participa do processo de produção da notícia. Não é um deus nem um jornalista privilegiado. Nos Estados Unidos, os âncoras não comentam notícias no ar.

24. Se for possível, autorize filmagens para reportagens em instalações das empresas que você dirige, os telespectadores reconhecem o local, e ele fica mais familiar. Há casos em que as empresas não permitem isso, principalmente quando a matéria é desfavorável. Mas isso não impede o repórter de fazer um *stand-up* na porta da empresa, portanto, todos os públicos vão saber de quem se trata. E, geralmente, o repórter diz no ar que a empresa não permitiu que ele entrasse. Como você imagina que isso reflete na cabeça do seu stakeholder?

25. É um risco atender o telefonema de um jornalista desconhecido, que cita um nome de um portal de grande porte, sem saber o assunto, e qual o sentido da reportagem. Uma vez começado o diálogo, o jornalista entende que você já faz parte da reportagem dele. Quem deve cuidar disso é a assessoria de imprensa, que tem conhecimento técnico e, assim, fica mais difícil dar errado.

CRIE UM HÁBITO DE COMUNICAÇÃO

Todo dia você abre os seus aplicativos de sua preferência. O mesmo se dá com o público que você quer atingir com suas informações. Assim, é necessário postar suas comunicações dirigidas ao público-alvo, bem como a reprodução de reportagens, notícias e entrevistas do interesse de sua empresa.

Você vai falar, cantar, discursar...

Vocês da mídia são assim mesmo. Ora transformam as pessoas em príncipe, ora em sapo.

— Duda Mendonça

Nada disso. Entrevista não é história da carochinha. Vai dar uma entrevista que tenha conteúdo que interesse à sociedade em geral. Sua imagem simpática, descontraída, atraente ajuda, mas o que vai ficar na cabeça do público é o que você vai dizer. A entrevista é a base do noticiário jornalístico, e para realizá-la o jornalista precisa dialogar, ver, sentir, questionar, provocar, registrar, ouvir e discordar quando for necessário. Lembre-se de que a marca vai ser colocada em exposição e isto pode trazer vantagens competitivas em relação à concorrência. As corporações treinam os seus porta-vozes porque é uma decisão estratégica, tomada em função das mudanças da sociedade em que atua. É por isso que tanto os gestores de um grande supermercado, ou de uma indústria química que só produz insumos, são treinados para falar na mídia. Essas decisões são inegociáveis e os executivos não podem discordar delas, ainda que sejam responsáveis por áreas técnicas e que aparentemente não são de interesse geral. Tudo é de interesse social.

1. Não se preocupe em esconder o seu sotaque. Todo mundo tem sotaque; até os paulistas, que pensam que não têm. Contudo, ter sotaque não justifica pronunciar palavras erradas. Isso derruba qualquer entrevista. Em dúvida, use um sinônimo. Cuidado com o famoso **de** e **ao** encontro.

2. Dê inflexão nas palavras-chave do assunto sobre o qual você está discorrendo para chamar a atenção do repórter. Não precisa imitar locutor, basta dar ênfase. Treine um pouco de leitura para fugir do monocordismo. Vale a pena fazer alguns exercícios com um fonoaudiólogo; eu mesmo fiz vários.
3. O ideal é relaxar a voz para que ela tenha melhor amplitude, ou seja, apenas natural, nada mais.
4. Programas de entrevistas muitas vezes não convidam determinadas pessoas por causa de sua dificuldade de fala. Temem que o público não entenda o que está sendo dito e mude de canal.
5. Algumas deficiências podem ser corrigidas com vários exercícios, como leitura em voz alta ou, em alguns casos, com a ajuda de um fonoaudiólogo, repito.
6. A boa postura do corpo e controle da respiração também contribuem para uma boa voz e ajudam a ser mais convincente.
7. Faça exercícios em casa. Espere a garotada sair para a balada e aproprie-se do equipamento de som. Use um equipamento doméstico, como o microfone do karaokê ou uma *handycam* e grave sua voz e imagem. Faça uma live. Faça uma avaliação honesta do exercício.
8. Não feche os olhos ao pronunciar palavras difíceis.
9. Lembre-se de que a melhor comunicação se dá quando não se põe em dúvida o caráter de quem fala, quando se identifica a forma de pensar do público-alvo e, finalmente, quando a escolha das palavras pelo entrevistado objetiva tornar mais clara possível a sua mensagem.
10. As plataformas de comunicação estão se especializando cada vez mais, por isso tenha uma visão mercadológica do público-alvo. Identifique-o e procure falar usando uma linguagem que ele entenda. Muito pouca gente leva isso a sério. Se você vai ser entrevistado por um veículo popular, considere que a maior parte é constituída de donas de casa, aposentados e crianças. Se é no programa de fim de noite, ou um site especializado, o público é obviamente outro. Você não fala da mesma forma com uma pessoa idosa e com um jovem. Procure ser o mais didático possível, objetivando ganhar a atenção do público-alvo.
11. Há entrevistados que querem explicar tudo nos mínimos detalhes. Por fim, eles se perdem e o público também — no meio vai o entrevistador.

Fuja do estereótipo do "12, raiz quadrada de 144", ou seja, quando o entrevistador perguntar como vai, não tente explicar. A quantidade de notícia por resposta deve ser proporcional ao tempo destinado a ela. Não fique com ânsia de falar muito e rapidamente para aproveitar o tempo. Na maioria dos casos isso é contra produtivo. Geralmente os jornalistas têm pouco tempo, outras pautas ou precisam voltar para a redação para elaborar a reportagem. Por isso, seja conciso, não comece contando a história de sua vida, carreira, ou como chegou até ali. Deixe os prolegômenos para os trabalhos acadêmicos.

12. Não caia na bobagem de ligar para o chefe do repórter e pedir ou pressionar para cancelar determinada matéria. Isso vai levantar suspeita de que você ou sua empresa está escondendo alguma coisa. Deixe que a avaliação do desenvolvimento do assunto fique por conta dos jornalistas e suas empresas. Isso vale também para determinado tema de entrevista. É dever do jornalista perguntar, você goste ou não. E é seu direito responder ou não, mas evite impor vetos a determinados assuntos. Já vi gente entrar pelo cano por causa disso. Certa vez, um jornalista perguntou a um candidato à prefeitura de São Paulo se ele acreditava em Deus. Em pleno debate eleitoral, na TV Globo, o candidato disse que não havia combinado esse tipo de pergunta. Resultado: ele perdeu a eleição e o jornalista ficou ainda mais respeitado. Você tem dez segundos para lembrar o nome dos dois. Se não conseguir, veja no Google.

13. Ninguém é obrigado a saber tudo. Se você não souber uma informação, diga que não sabe, que vai se informar. Não se constranja. É preferível afirmar que não sabe a se enrolar com a resposta. O público percebe e você perde a credibilidade. Encher linguiça, nem pensar.

14. Sempre há riscos em ocupar os espaços informativos que generosamente a mídia oferece, em especial os sites. Por isso, é bom avaliar se vale ou não a pena dar uma entrevista ou informações em *off*. Nas suas considerações, lembre-se de que espaços vazios sobre um tema que envolva sua atividade ou empresa vão ser preenchidos ou por notícias desfavoráveis, boatos, ou por especulações e hipóteses. É preciso entender esses espaços como janelas de oportunidade para exibir a marca e os seus atributos.

15. Lembre-se de que a primeira impressão é a que fica. Não confundir com o Tiririca. Melhorar um impacto ruim é uma tarefa para leão, por isso, prepare-se estrategicamente para aparecer na mídia social.
16. Por que algumas pessoas conseguem filas de jornalistas para falar com elas e outras não? Esse é mais um enigma da comunicação que começa a ser solucionado quando se compreende que jornalistas querem entrevistas que deem respostas para suas dúvidas, e não que criem mais indagações. Querem notícias. Se possível exclusivas. Não estão preocupados com a carreira nem com a vaidade do entrevistado.
17. A confiança é uma percepção, em primeiro lugar, do jornalista, depois do público. Ela está apoiada na história da vida do entrevistado, na sua competência e na consistência da imagem.
18. Lembre-se de que apenas parte da opinião pública acompanha a plataforma para a qual você deu entrevista, por isso é possível recuperar uma aparição desastrosa. A afirmação "Você nunca terá uma segunda chance de causar uma boa impressão" é relativa.
19. Ninguém é competente para falar de todos os assuntos. A própria sociedade entende que uma pessoa é mais bem-sucedida em determinada área do que em outra. Escolha os temas com os quais tem maior familiaridade e apelo, se quiser ficar conhecido pela opinião pública.
20. Não é necessário queimar etapas para conseguir espaço na mídia social. Vá com calma: se o que você tiver a comunicar for importante, os espaços se abrirão. Certa vez um senador queria que eu fizesse uma entrevista sobre um livro que ele ainda iria lançar. Como ainda não tinha nenhum exemplar, não teve dúvidas: jogou no meu colo um calhamaço de 500 folhas de sulfite com a prova dos originais. Levei-o para meu carro, onde o vento se incumbiu de misturar tudo. Antes de chegar em casa, ele me ligou no celular pedindo desculpas pela indelicadeza. Mandou o livro quando saiu, fiz a entrevista e continuo eleitor dele.
21. É preciso tomar cuidado quando o jornalista conta um segredo para você. É uma técnica para que você conte outros para ele. Achtung! É campo minado.

22. Alguns entrevistados gostam de trocar os papéis e virar entrevistadores. Ora, como o jogo da entrevista não tem nada de lúdico, essa é uma estratégia ruim. O repórter até parece aceitar, mas ele sabe que o que serão publicadas são suas afirmativas, e não as dele. Certa vez, ao entrevistar um político paulista ex-prefeito, ex-governador e ex-candidato à presidência, treinadíssimo em entrevistas, quando perguntei sobre transferência de dinheiro público para a Ilha de Jersey, ele puxou um xerox de um jornal inglês que o inocentara e pediu no ar que eu o lesse. Isso ocorreu quando eu apresentava o *Opinião Nacional* da TV Cultura. Imediatamente devolvi a ele o jornal e disse que estava sem óculos e que não conseguia ler. Em suma, baixei a guarda e quase fui a nocaute. O jornalista Truman Capote disse o seguinte: "O segredo da arte de entrevistar é fazer que a pessoa pense que está entrevistando". De fato, alguns levam mesmo isso a sério...

23. A entrevista corporativa de sucesso é aquela que o maior número de *key messages* são reproduzidas na reportagem, a maneira pela qual a marca é exibida ao público. O resto é folclore. Não se entusiasme com as performances de políticos ou consultores, eles estão em outro campo, não representam marcas. Se houver dano, será individual; diferentemente do gestor, uma vez que o dano será sempre na marca que ele representa.

A LUTA DO BEM CONTRA O MAL NO CAMPO DAS MÍDIAS SOCIAIS

Você tem contrato de trabalhou ou é um PJ (pessoa jurídica)?

Quem não se comunica se trumbica

O título acima era o bordão do apresentador de tevê Abelardo Barbosa, o Chacrinha

Você aceitaria participar de um programa como o do Chacrinha, ou de algum outro apresentador popular que, por exemplo, usasse um cassetete de policial para conduzir o programa ou mandasse tirar chapéu para conhecidos políticos ou personagens do mundo artístico? Ou um site de um influencer de celebridades?

É apenas uma pergunta, não se ofenda. Esse tipo de comunicação está fora de divulgação da área corporativa. Mesmo as empresas que vendem diretamente ao consumidor final, como o varejo, precisam avaliar o risco dessas apresentações. Os departamentos de comunicação devem fazer uma avaliação crítica se o espaço obtido é ou não interesse da marca, se adequado. Uma empresa de alimentos, por exemplo, consideraria a possibilidade de participar de uma reportagem para um site de gastronomia, seja em que plataforma for. Mas há limites. O tema tem que ser de interesse público e não de um merchandising disfarçado.

1. É preciso saber com clareza quem é o público-alvo do veículo de comunicação e, especialmente, do programa para o qual você falará. Geralmente, os sites são abertos ao público em geral. Contudo, há outros com programas segmentados para determinados extratos sociais. Na Internet essa segmentação é muito maior. Nesses casos, pode-se aprofundar mais o assunto, mas sempre com o cuidado de ser claro e direto.

2. A rivalidade entre os meios de comunicação nunca foi tão intensa como agora, o que possibilita a facilidade de acesso às mídias sociais. Existem imensos espaços que podem, com um pouco de competência, ser eficazmente ocupados.
3. O jargão antigo do jornal O Globo era: "Se O Globo não deu, não aconteceu". Isso pode parecer curioso hoje, mas no passado fazia sentido. No presente não faz mais, uma vez que outros meios e plataformas estão disputando o espaço de difusão de notícias. Por isso, não se desespere se a notícia que você quer divulgar não está nos espaços que julga os mais importantes do Brasil. Pode haver muitos outros interessados em sua notícia. As páginas na web estão lotadas de notícias favoráveis e desfavoráveis a marcas importantes, algumas delas ranqueadas entre as cem mais importantes do ranking Interbrand.
4. O melhor dos mundos são as notícias favoráveis à sua empresa, com sua imagem colorida, produzida em estúdio, simpático e cativante, com uma entrevista espirituosa, inteligente e que propague com exatidão a missão de sua empresa. Ela é veiculada no UOL, G1, R7, BBC, Conjur, EFE, Deutsche Welle, *Jornal Nacional*, na *Folha*, na *Veja*, na Record News, Globo News, no *Estadão*, no *Globo*, na CBN, enfim, em todos os meios multimídia. Obviamente, emplacar alguma coisa desse nível é equivalente a um gol de placa do Pelé na época de ouro do Santos Futebol Clube. Mas não se esqueça de que o Pelé começou jogando bola no interior, foi preterido por vários times da capital e chegou apagadíssimo ao Santos. O que eu quero dizer é que o caminho para chegar aos maiores veículos do país tem a mesma trajetória. Nem o Pelé escapou do noviciado. Tenha paciência. Atenda a todos os jornalistas que o procurarem, ainda que sejam repórteres de um pequeno site. Nada deve ser desperdiçado.
5. Os jornalistas não querem fazer propaganda de um produto ou de determinada empresa, mas a divulgação na mídia desses elementos, de forma favorável ou desfavorável, é inevitável. Quando o interesse privado coincide com o interesse público, tudo passa a ser público.
6. Há conflitos de informações e de opiniões cada vez que um jornalista elabora uma reportagem. Quando escolhe um título, filma uma cena, escolhe uma trilha sonora, decide como a história vai ser

contada, qual o melhor ponto de vista para a explicação da matéria, o jornalista está influenciado pelas próprias convicções pessoais. Você pode até não concordar com o ponto de vista abordado, mas é um direito do jornalista, e o critério de subjetividade no desenvolvimento do tema estará sempre presente. Assim é bom saber que o jornalismo tem uma dose de subjetividade. É de sua essência.

7. O que você espera de uma reportagem nas principais plataformas no Brasil? Ora, veracidade dos acontecimentos, isenção do repórter, independência editorial, honestidade na busca e na seleção das informações, contextualização correta, enfim, um conjunto de elementos que torne a reportagem confiável. Esses critérios sempre estão presentes nas reportagens, mesmo naquelas que criticam ou são desfavoráveis à sua empresa. Não há dois critérios. Há um só, e ele está presente tanto nas reportagens favoráveis como nas não favoráveis.

8. Uma reportagem favorável vale mais de mil publicidades pagas. Não se esqueça disso. Exatamente pelo conteúdo de veracidade e credibilidade que se pressupõe que ela tem, sob a ótica do público. Uma reportagem favorável contribui para melhorar a admiração da opinião pública por você e sua empresa. Para isso é necessário transparência, comprometimento social, honestidade de propósitos etc.

9. Tenha uma boa agenda de jornalistas. Não tenha receio de ligar. Acostume-se a trocar ideias e a ouvir o que eles têm a dizer sobre os negócios e o país. Faça um círculo de conhecidos — apenas não caia na tentação de torná-los amigos.

10. Jornalistas adoram ser únicos e exclusivos. Portanto, se prometer dar uma informação exclusiva para alguém, cumpra a sua palavra. Não vá criar atrito achando que divulgar para todos atingirá mais gente. Pode até ocorrer isso, mas você arruma encrenca.

11. O entrevistado ideal não existe; talvez se aproxime do perfil desenhado pelo Reinaldo Polito: "A forma como se veste, a postura, nem humilde em excesso nem arrogante, a elegância dos gestos, o timbre da voz, a inteligência, o vocabulário adequado, a emoção, a bondade, a retidão, o prestígio, a sinceridade, a simpatia e a humildade natural são atributos próprios do orador na conquista da benevolência". Ufa!!!

12. Os jornalistas sabem que boas entrevistas dão boas reportagens. No duelo intelectual com o jornalista, prefira o seu campo, seu escritório, que é um lugar familiar. Cuidado com entrevistas em restaurantes e aeroportos. Lá, questões pessoais podem se confundir com as profissionais e o resultado acaba sendo desastroso.
13. É possível alguma convivência com os jornalistas? As assessorias de imprensa se esforçam para aproximar jornalistas e fontes. Esses encontros, na forma de almoços corporativos, são bons para ambos e para a comunicação. É um ambiente mais descontraído, não é uma entrevista formal e para o jornalista é uma ótima oportunidade para aprender, tirar dúvidas e enriquecer a sua agenda eletrônica. Contudo, não se esqueça nunca de que ele é um jornalista e que indiscrições cometidas entre uma garfada e outra podem gerar pautas apimentadas.

Guerra é guerra

Conhecimento não se transfere, se constrói.
— *Paulo Freire*

Obviamente, as relações entre os jornalistas e as fontes estão plantadas nos eixos da ética, transparência e cordialidade. Porém, ainda assim, há um espaço para a competição: a entrevista é um duelo intelectual entre o entrevistado e o jornalista. Este quer que aquele fale o que não quer falar. Por isso, o jornalista usa vários métodos; um deles é deixar a pergunta mais importante para o final da entrevista.

Do outro lado, o entrevistado tenta dar informações que não foram perguntadas, mas que podem interessar ao jornalista e tornar a entrevista mais confortável. Ora, se é um duelo intelectual, não se deve baixar a guarda nunca, para que não ocorra o efeito churrasqueiro. George Foreman, o simpático vendedor de churrasqueira, foi o desafiante do lendário Cassius Clay. Tentou bater durante oito *rounds*; quando faltavam dez segundos para o intervalo, já cansado, baixou as luvas. Tomou um catiripapo e só acordou algum tempo depois.

A entrevista é como uma luta de sumô — peso leve, é claro. O jornalista tenta empurrar o entrevistado para além da linha branca do treino e do conforto. O entrevistado tenta puxar o jornalista para dentro do círculo, onde estão as suas *key messages*. Portanto, ganha a luta quem conseguir tirar o adversário do campo de "luta".

Em outras palavras, você já percebeu que a entrevista não é lúdica, como às vezes parece. É um campo minado para a fonte, que precisa fazer todo o esforço e treinar sempre as *key messages* com a assessoria de imprensa da organização. Quando você achar que é o bambambã, treine de novo.

No estúdio, ou diante de um repórter e sua equipe, poucas pessoas têm contato direto com o entrevistado. Há casos em que apenas uma ou duas pessoas estão presentes. Ainda assim o entrevistado fica descontrolado emocionalmente. É preciso manter a calma. Não precisa exagerar, basta aparentar a tranquilidade de um monge zen budista que está bom.

1. Não se preocupe com as pessoas que estão circulando, se a entrevista é em um lugar movimentado. Não olhe para elas. Olhe só para o entrevistador ou para a câmera. Não se distraia com movimentos que ocorrem no local.
2. Chegue bem antes do horário da entrevista. Deus ajuda quem cedo madruga. Chegar em cima da hora é um risco tanto para o entrevistador e sua produção — que podem substituí-lo por não poder arriscar ficar sem um entrevistado e acabar usando uma gravação *stand by* ou recorrer a outra pessoa — como para o entrevistado, que, esbaforido, suado e intranquilo, rarissimamente dá uma entrevista boa. Lembre-se de Leônidas, rei de Esparta, que com 300 guerreiros brecou o exército persa de milhares de homens. A estratégia foi chegar antes, dominar o terreno e fechar a estreita garganta das montanhas, um local conhecido como Termópilas. Nada adiantava um exército persa tão grande se apenas poucos conseguiam combater os gregos, uma vez que estavam espremidos entre as montanhas. Só a traição permitiu que os persas dessem a volta por trás e encurralassem os espartanos. Não é o seu caso, mas chegue cedo. Lembre-se de um debate entre candidatos a governador na tevê. Ligaram para um deles, um dos favoritos nas pesquisas, e lhe disseram que o debate tinha sido cancelado. Na hora do debate, cadê o candidato? Em casa, ele foi avisado do trote, provavelmente aplicado por algum adversário. Veio correndo para o estúdio, chegou esbaforido, suado, nervoso e intranquilo... foi um desastre no debate. Não se esqueça, chegue antes.
3. Planeje sua participação com o mesmo cuidado com que os Aliados planejaram o desembarque do Dia D na Normandia. Se você não sabe como foi, veja o filme do Spielberg. Ou então leia em um livro

de história, pode ser o meu. Com planejamento a entrevista fica melhor.

4. Esqueça a câmera. Fale através dela, com quem está sentado do outro lado vendo e ouvindo. Esqueça também o microfone. Só não se esqueça do que vai falar.
5. Não se preocupe com a quantidade de pessoas que está vendo você. Quanto mais, melhor. Se estiver intranquilo, pense em apenas uma delas, alguém amigo, e imagine que está falando com ela. Ou você tem medo de falar com um amigo?
6. Não se assuste se o jornalista errar seu nome. Nem tenha pressa de corrigi-lo. Espere uma oportunidade e faça de um jeito que não fique ruim para ele. Meu nome, como não é de Herodôto, Herodes, Heróclito, mas o campeão foi um repórter da Bahia que, no ar, ao vivo e em cores, me chamou de Aeródromo Carneiro...
7. Sua participação no dia a dia de mídia se deve às notícias que tem para anunciar, e não a um culto de personalidade.
8. É bom ficar claro que um executivo, quando dá entrevista, não fala por si mesmo. Tudo o que ele disser é entendido como a posição da empresa que ele representa. Não aceite o desafio.
9. Não reivindique coberturas jornalísticas para as realizações sociais ou beneméritas de sua empresa; a mídia é movida por outros parâmetros além do de divulgar necessariamente o que você acha que deve ser divulgado. Acostume-se com as críticas do noticiário.
10. Descontração em uma entrevista não quer dizer nunca baixar a guarda. Considere-se livre só depois que estiver fora do alcance do jornalista. Se falar no elevador, ou no café, ou no aeroporto, e o jornalista entender que é de interesse público, ele publica.
11. E já que estamos falando em descontração, não use termos de baixo calão. Isso causa má impressão. Seja equilibrado mesmo fora das luzes e refletores do estúdio. De quebra, evite expressões ruins de ouvir, os cacófatos, como *imputa, nunca ganha, cujo, conforme já*, e outras que estão relacionadas no capítulo "Dicas para você falar melhor".
12. Mantenha sempre uma postura ereta na cadeira do entrevistado se for convidado para uma entrevista em estúdio. Descontrair não significa deixar o ombro tomar conta da imagem e passar uma

impressão de desânimo. Não ria demasiadamente, como se tudo fosse um show; há assuntos que não admitem essa postura, pois transmitem uma sensação de escárnio e desrespeito, tanto ao telespectador como ao apresentador.

13. Nas entrevistas com repórteres de mídia eletrônica, há o recurso do contraplano, que mostra o repórter fazendo perguntas para o entrevistado. Ele se mantém no mesmo lugar e você também. Ele repete as perguntas mais importantes da entrevista para a câmera e você responde. Com esse processo, usando só uma câmera, os dois aparecem de frente para o público. Tenha paciência. É um pouco chato ficar gravando coisas que não vão para o ar, mas ajuda o repórter.

14. Antes de gravar entrevista fora de estúdio, procure o melhor posicionamento, que mostre o ambiente do seu trabalho para que seja identificado. O cenário reforça sua imagem profissional. Cuidado com anúncios atrás de você.

15. Preste atenção se você não está fazendo o papel de papagaio de pirata. Não tenho nada contra aparecer atrás de uma pessoa importante, desde que não seja o Long John Silver. Lembre-se de não se distrair, ficar fazendo trejeitos ou conversando atrás do entrevistado. Preste atenção no que ele está dizendo. Olhe para ele.

16. Procure economizar seu tempo e o do repórter. Deixe as conversas mais longas para outra oportunidade; não no meio de uma reportagem. Ele tem pressa e precisa voltar para a redação.

17. Sugira para o repórter cenários que você considera mais favoráveis para sua mensagem. Pode ser diante do estande com o logotipo da empresa. Mesmo fora de estúdio, opte por paletó e gravata, a não ser que o ambiente de trabalho exija outro tipo de vestimenta.

18. Cuidado com o tom de voz; há um tom ideal para cada situação, portanto, aquele usado para comentar uma festa ou uma conquista da empresa não é o mesmo que se usa para falar de acidentes, aumento de preços etc.

19. Jornalismo é trabalho de equipe. Receba todos da mesma forma em sua empresa. Não esboce diferenças de tratamento com ninguém que o procurar para uma entrevista. Cumprimente a equipe toda, dê a mão a eles. Comece sendo simpático com os que vão colocá-lo no ar da forma mais favorável possível.

20. Você não tem obrigação de relatar a ninguém se está resfriado ou gripado. Todos vão perceber. Se houver interferência na sua performance, peça para mudar a data da entrevista.
21. Na maioria das vezes, a segunda pergunta do repórter é feita em cima de sua primeira resposta. Por isso, veja bem o que vai dizer. Ele pode abandonar a pauta se o que você propuser tiver mais impacto nos stakeholders.
22. Não se desculpe por não saber falar sobre determinado tema. É preferível dizer diretamente que não sabe e pronto. O melhor mesmo é não se arriscar em campo minado por seu desconhecimento.
23. Fatos bem-humorados devem ser explorados sempre que possível. Só se arrisque a contar uma piada se ela e você forem muito bons. Na dúvida, deixe para o joker.
24. Como atrair a atenção do interlocutor se ele tem muitos motivos para se distrair e não prestar atenção nas coisas importantes que você tem a dizer? Esse é outro enigma que pode começar a ser desvendado se você iniciar suas respostas com fatos contundentes, interessantes, curiosos, novos e de interesse do público-alvo do programa.
25. Lembre-se de que entrevista não é debate. Ela funciona com o jornalista fazendo uma pergunta e você respondendo. Aí ele faz outra pergunta e você responde. É um pingue-pongue que pode se tornar uma conversa informal e agradável. Não aceite que a entrevista vire um debate. Se for interrompido antes de concluir a resposta e o raciocínio, por uma nova pergunta do repórter, espere ele terminar e volte ao tema anterior. Não aceite o jogo de interromper a resposta sempre com uma nova pergunta. Isso deixa o domínio da entrevista para o jornalista e a fonte fica acuada.
26. Se você aceita participar de um debate, vá preparado para tudo. No debate, a influência do comportamento emocional aumenta muito e pode evoluir, ou "involuir", para um bate-boca. Esse é o vale-tudo, lembra o *telecatch*, as *catch-can*. Fuja disso. Em situações como essa, tem-se tudo a perder e nada a ganhar. As posições e opiniões se radicalizam e dividem a preferência do público.

O que você disse foi publicado?

A imprensa é feroz. Não perdoa nada. Só dá destaque aos erros. Cada intenção é deturpada, cada gesto é criticado.
— *Princesa Diana*

Não se impressione com o desabafo da princesa. Ela era um caso especialíssimo e era perseguida pelos *paparazzi* que queriam invadir a sua vida pessoal. Esse não é o seu caso. Há alguns casos de fontes corporativas que viram celebridades e estão sempre na mídia. É a exceção que confirma a regra. Gestor, não importa o nível, não é celebridade. Este, geralmente, se mantém no noticiário, se envolvendo em escândalos, festas badaladas, casa-separa, operações plásticas e barraco, muito barraco. Sua privacidade é exposta de uma maneira atroz para o bem ou para o mal. Uma vez perdida a privacidade, os jornalistas, indevidamente, se sentem no direito de perpetuar essa violação de um direito humano e constitucional.

Como dizia o velho filósofo Vicente Matheus, presidente do Coringão, uma coisa é uma coisa, outra coisa é outra coisa. Sem dúvida estar na mídia provoca popularidade, nada contra, porém a fonte tem que entender que o seu foco é na gestão da organização. Exposição na mídia é consequência do seu trabalho, de seu sucesso, de seu reconhecimento no mundo corporativo.

Você não pode esquecer que vai ter apenas uma oportunidade para contar sua história. Não dá para voltar atrás. Não dá para repetir. É uma vez só. Por isso, não a desperdice.

1. Imagine-se assistindo a um programa de vídeo na sua casa. Tente contar quantas pessoas existem ao seu redor e quantas coisas estão acontecendo — tudo para distraí-lo. Agora passe para dentro do vídeo e imagine-se sendo entrevistado. Você está competindo com tudo aquilo que o distraía. Isso quer dizer que é preciso ganhar a atenção de quem tem tantas outras distrações: as crianças, o namorado da filha, a sogra, o som megafônico do filho, o cachorro... Nas outras mídias há ainda outras distrações.
2. Se o que você disser não for claro e conciso, é provável que as pessoas se distraiam e procurem outra pessoa. Além disso, tem a competição do smartphone. Esta é terrível.
3. As histórias devem ser simples e, de preferência, sobre ideias e fatos fáceis de descrever. O público tem mais dificuldade de entender temas abstratos e complexos. O velho político Ulisses Guimarães recomendava que se devia falar muito de ideias, propostas, teses, mas pouquíssimo sobre os adversários e absolutamente nada sobre si mesmo. Em outras palavras, quando você cita nominalmente outras pessoas, está abrindo um imenso flanco para que elas falem sobre você. É melhor ficar no campo das ideias, e se postar assertivamente com as suas *keys* de combate.
4. Fale para o público, não para o jornalista. Fale por meio dele, através dele, para o público que está atrás da lente da câmera ou do celular.
5. Não se impressione com a fama do entrevistador. Esqueça que você também é fã dele e concentre-se na mensagem que pretende passar para o público.
6. Preste atenção em outros entrevistados que você admira e estão constantemente na mídia, ainda que sejam seus concorrentes. Pegue um bloco de notas e liste as principais qualidades e defeitos. Imite o que considera bom. Treine procurando imitar o melhor entrevistado que você já viu.
7. Sempre que possível, conte a história em ordem cronológica. Fuja das partes muito minuciosas. O entrevistado que a cada frase para a história, conta um detalhe e depois volta ao fio da meada confunde o interlocutor. Nessa ida e volta, a atenção foi para o espaço ou para o lixo.
8. Não se deixe levar pela linguagem técnica da sua profissão. A maioria das pessoas não vai entender. Se tiver de usar um termo técnico,

explique imediatamente o que ele significa. Não se preocupe com o que seus colegas dirão de você. Muitos entrevistados temem que o uso de termos leigos para descrever situações específicas pode ser entendido como desconhecimento do assunto. É o caso dos médicos, especialmente.

9. Uma entrevista com causos, *cases* ou historietas é muito mais gostosa de acompanhar do que apenas uma conversa conceitual. Especialmente se ilustrarem situações vividas pela sua organização, e acrescentarem brilho, credibilidade e admiração pela marca.
10. Deixe de lado os detalhes desnecessários. Números devem ser arredondados. Esqueça os números que vêm depois da vírgula. A não ser que sejam imprescindíveis. Deixe as exatidões para o balanço da empresa.
11. Só use siglas se forem aquelas que até a vovó é capaz de entender, como INSS, BNDES etc. Afora isso, não diga a sigla ou, se disser, explique imediatamente o que ela significa. O melhor é dizer logo o significado.
12. Não queira dizer mais palavras do que cabe em determinado espaço de tempo. É a lei da física da comunicação: não cabe. Se você sabe quanto tempo vai durar a entrevista, planeje antes quais as ideias mais importantes que cabem no espaço. Não atropele as palavras. Não dispare. Faça com antecedência uma hierarquização de ideias mentalmente. Se precisar, escreva, não se acanhe. Escolha a *key* mais importante que você acha que deve constar da reportagem.
13. Não repita a mesma frase duas ou três vezes para dizer a mesma coisa. Se ela for clara, direta e didática, os interlocutores entenderão na primeira vez.
14. É preferível não decorar as respostas. *Você* é o especialista no assunto, não o jornalista. Ele não vai lhe perguntar nada que você não saiba com tranquilidade. Ele representa o público leigo. Decore apenas o núcleo das *key messages*.
15. Alguns jornalistas não preparam as perguntas previamente. Problema deles. Em parte. Isso pode arruinar a entrevista e sua participação. Socorra-o. Se houver um longo espaço de tempo depois de sua resposta, faça um complemento, diga que você tem um caso e, se houver tempo, conte. Entrevistas boas dependem, no mínimo, de duas

pessoas. É possível identificar quando o jornalista não sabe o que perguntar. Ele usa a muleta: "O que o senhor acha disso?" ou "Como o senhor vê isso?". Sopa no mel, encaixe outras duas ou três *keys*.

16. Faça algumas anotações em um bloco. Elas serão úteis se na hora H der um "branco". Não se envergonhe de usá-lo no ar.
17. Para interromper o entrevistador, espere que ele faça uma pausa, a não ser que algo muito grave esteja sendo dito contra você ou sua empresa.
18. Não aceite uma pergunta em cima da outra. Peça que ele espere que você termine a primeira resposta. Não entre no jogo de deixar a primeira resposta pela metade para responder a uma segunda, porque ele vai fazer uma terceira. E a impressão que dá é que você está "acuado".
19. Jamais mande abraços, para quem quer que seja. Entrevista não é um papo entre amigos. Leia os sites e portais do dia, pois o repórter pode perguntar sobre temas atuais.
20. Fugir das perguntas abre um imenso campo para o entrevistador crescer, reperguntar, e deixa claro para o público que você está na defensiva, escondendo dele e da opinião pública alguma coisa.
21. Entrevista não é linchamento. Não se intimide. Ponha-se em posição de igualdade com o entrevistador. Lembre-se do sumô peso leve. Nem menos nem mais. Não admita perguntas ríspidas. Se preciso, cobre, mesmo no momento, um tratamento digno. Se descobrir que passou um dado incorreto ao repórter, informe-o o mais rápido possível.
22. Se você acha que pode ver a entrevista antes de ser publicada, pode tirar a vaca do brejo. Além de não mostrarem, você vai arranjar uma encrenca das grossas. Espere ir ao ar para pedir direito de resposta, correção etc. Não insinue nada sobre o que não puder falar abertamente.
23. É possível negociar entrevista somente para determinados assuntos, desde que haja prova de confiança entre as partes e não se fira o interesse público. Uma vez negociada a pauta, não saia jamais do círculo branco.
24. Se houver mudança de pauta, só aceite dar entrevista se for comunicado previamente pela plataforma. Se o repórter não vai vir mais,

ou se a sua participação no estúdio for cancelada, o mínimo que eles podem fazer é avisá-lo com antecedência. Não se irrite se isso ocorrer; a redação e os jornalistas vivem ao sabor dos acontecimentos e tudo pode acontecer de uma hora para outra. Contudo, avalie se não houve má-fé.
25. Evite fazer publicidade explícita de sua empresa ou vender algum produto. A única venda que ocorre é a do institucional, do corporativo; publicidade é outro departamento.
26. É possível usar um PowerPoint na entrevista de estúdio, desde que seja combinado com antecedência com a produção. Não deixe para a última hora; isso pode confundir o jornalista e o público. No entanto, ilustrações, gravuras, gráficos e vídeos não substituem os seus argumentos.

Em resumo: *get what you want being what you are*. Os meios eletrônicos transmitem o que você é. Neles é possível avaliar sensações, caráter, personalidade e mostrar do que você gosta ou não. Quanto mais enfático você for, menor a diferença entre o que você fala e o que o jornalista publica. Dê ênfase à sua fala. Não basta descrever, é preciso convencer o jornalista de que é aquilo que ele deve publicar. Quanto mais convincente você for, menor a possibilidade de ocorrer: "Falei uma coisa e ele publicou outra". Use as mesmas qualidades que o conduziram a um posto de liderança na empresa. Lidere a entrevista, diga as suas keys com a mesma convicção que convence os seus liderados a atingir as metas estabelecidas. Como disse aí para trás o mestre Paulo Freire, é preciso construir mentalmente o que se vai dizer, e acreditar firmemente no conteúdo das respostas. Não se trata daquele decoreba de antigamente para passar de ano na escola. É preciso que o treino seja completo e com alguma regularidade, mesmo que as entrevistas não sejam frequentes. Afinal, o que geralmente se diz ao jornalista é o mesmo que se diz a todos os stakeholders. Portanto, se o alinhamento é o mesmo, o treino é bom, principalmente para a carreira gerencial.

Entrevista: concentração total

Não há perguntas embaraçosas, só respostas embaraçosas.
— *Carl Rowan*

Já dizia o filósofo citado anteriormente que quem sai na chuva é para se "queimar". Portanto, concentre-se nas suas respostas e não fique irado com as perguntas que você julgar muito duras. Não faça ironias ou dê demonstração de desagrado, como um ministro do Trabalho, um respeitável e idoso senhor, que ficou irritado com minhas perguntas e, quando me despedi e agradeci a entrevista, ele fulminou secamente: "Um grande beijo!".

Tenho lembrado sempre que o líder deve usar e abusar do pessoal do departamento de comunicação da organização. Na dúvida, peça para a assessoria de imprensa mandar a cavalaria. Porém, não espere ficar com o brejo até os joelhos para isso. Todas as dúvidas para um contrato com a mídia devem ser dirimidas por eles, que têm conhecimento técnico, conhecem os veículos, digitais ou não, a maioria dos jornalistas que lá trabalham, ainda que o *turn over* seja muito alto. Não se acanhe, é uma tática positiva e vai estabelecer uma parceria produtiva para você, para a mídia e principalmente para a marca. Antes de mergulhar em um tema em uma entrevista, faça um *check list* com a assessoria, repasse o último alinhamento da organização, uma vez que a conjuntura de mercado, organizacional, política, econômica, tecnológica mudam rapidamente.

Bem treinado e com forte apoio do pessoal da comunicação, tudo vai sair bem e vai haver sempre o reforço na credibilidade da marca.

Anote aí a fórmula mágica para você se sair sempre bem nas entrevistas. Não tem fórmula nenhuma. A melhor escola para dar boas entrevistas é a prática. Não há outra saída. Com ela é possível adquirir o hábito, afastar a inibição e não se deixar intimidar pelo entrevistador.

É mais fácil identificar o negativo do que o positivo quando se aparece nas mídias sociais. As qualidades positivas são quase impossíveis de serem definidas, por isso vamos ao que se pode evitar:

1. A câmera de vídeo é uma cruel reveladora de maneirismos físicos e peculiaridades do entrevistado. Não espere complacência por parte dela. O microfone amplifica os defeitos da fala. Não espere colaboração dele. É necessário todo o empenho para uma boa imagem e voz na mídia eletrônica.
2. Uma boa aparência ajuda, mas não é tudo. Não basta ter os padrões de beleza em vigor na sociedade, é preciso desenvolver corretamente o conteúdo da entrevista.
3. Uma boa dicção é indispensável para ajudar a prender a atenção do interlocutor sobre o tema da entrevista. Por isso, as pessoas que não conseguem falar de forma compreensível e agradável devem fazer, insisto, sessões de fonoaudiologia. Não é um dinheiro perdido. O que se aprende com isso é útil tanto nas reuniões da empresa como nas palestras, apresentações, falas em público e até mesmo no dia a dia. Veja o efeito telefone: uma voz forte e agradável ajuda a montar uma imagem positiva na cabeça das pessoas.
4. A roupa deve ser discreta a ponto de não desviar a atenção do público do conteúdo da entrevista para detalhes como brincos, prendedores de gravatas, broches, gravatas berrantes etc. Roupa não deveria ser importante, mas é. Em local de trabalho, onde se usa uma roupa específica, deixar o entrevistado aparecer de paletó e gravata ou fica falso, ou dá a impressão de que existem categorias diferentes de tratamento na mesma organização. Se todas as pessoas no cenário da entrevista usam capacete de segurança, use-o também.
5. O público deixa de se interessar pelo que o entrevistado está dizendo se tiver alguma coisa que chame sua atenção, como um colar brilhante, uma pulseira incomum ou mesmo uma gravata inspirada no desenho de Miró ou Monet. Deixe aquela belíssima

gravata de seda italiana, de bolas vermelhas, presente de aniversário da *mamma*, para os jantares solenes. Já fui surpreendido no final do programa com um "zapzap" criticando minha gravata, dizendo que o nó estava torto. Por falar nisso, você sabe dar nó em gravata?

6. O traje deve ser adequado ao programa, público-alvo e horário que é levado ao ar. Assim, homens devem sempre estar de paletó e gravata, mulheres com roupas discretas, se o ambiente permitir. Tem gente que chega para entrevistas no programa da noite toda amarrotada. Lembro-me de que quando apresentava O Roda Viva na TV Cultura recebia convidados que pareciam ter chegado em um ônibus superlotado, de tão amarrotados e mal-cheirosos. As mídias sociais ainda não transmitem cheiros, é verdade, mas é duro entrevistar gente com o desodorante vencido ou com bafo.

7. Outras roupas, que dissociam o entrevistado de sua profissão, só em ocasiões especiais, como festas, praia, esportes etc. Paletó e gravata não combinam com essas ocasiões. Obviamente pessoas que são identificadas com outros trajes, como uniformes ou hábitos, devem usá-los. Se você souber que o comandante do exército está dando uma entrevista, como espera vê-lo na tela? E um rabino? E um pai de santo? E um monge budista? Veja os programas religiosos exibidos nas redes sociais logo cedo e você vai entender melhor.

8. Não perca a oportunidade de participar de um programa porque a roupa que você está usando não é adequada. Em caso de dúvida, vá de paletó, gravata, ou, para as mulheres, *tailleur*. Lembro-me de uma bonita e madura professora de economia que veio com uma saia muito curta. A entrevista foi em um cenário apenas com cadeiras giratórias e apareceríamos de corpo inteiro. Quando ela sentou, apareceu um corte lateral da saia que mostrava parte das coxas. Belíssimas, por sinal. Mas ela ficou tão preocupada que se perdeu nas respostas. Eu não...

9. Guarde as suas roupas "da hora" para festas particulares.

10. Listras finas ou padrões em xadrez podem ativar uma vibração visual eletrônica que os técnicos chamam de "batimento". Há casos em que o entrevistado tem de ir ao camarim e trocar a roupa por uma emprestada. Com isso, perde-se tempo e tranquilidade.

11. O penteado pode ser atual, mas não deve ser exótico, chamativo, anticonvencional, sob pena de despertar a curiosidade do público, ao menos que você seja uma celebridade, que comenta o estilo, o cabeleireiro, a cor e não dá atenção ao que está sendo dito pelo entrevistado. Não se preocupe se a câmera digital deixar visível que você pinta o cabelo. É comum homens pintarem o cabelo. Alguns pintam só a sobrancelha, o que fica ridículo, pois há um desequilíbrio evidente: o contraste das sobrancelhas pretas com os cabelos brancos. Há um ministro que é o melhor modelo desse contraste.
12. Em caso de dúvida sobre qual roupa usar, peça ajuda a alguém capaz de definir um traje com elegância e simplicidade.
13. É conveniente chegar ao local da entrevista barbeado. Facilita a maquiagem e permite uma visão mais clara do rosto.
14. As mulheres são bem-vindas com sua maquiagem do dia a dia, mas ela deve ser retocada, se possível, bem antes da entrevista. Use e abuse da ajuda da maquiadora.
15. Entrevistados homens não devem ficar reticentes com o uso de pó antes de entrar no ar. É uma questão técnica para impedir o brilho produzido pelo suor e refletido pelas luzes. Não permita uma maquiagem carregada, que possa mudar sua fisionomia. Não deixe o seu espírito machista impedi-lo de "passar um pozinho" como dizem os profissionais da maquiagem da Record News. Aliás, a sala é chamada de "sala dos milagres".
16. Lembre-se de que, geralmente, a imagem vale mais do que as palavras, por isso o ideal é integrar os dois.
17. Não se esqueça de que em uma entrevista há sempre três lados: você, o jornalista e a opinião pública representada pelos que recebem as mensagens.
18. Não se exceda nos cumprimentos com o jornalista. Eles tendem a ocupar preciosos segundos e retardam o início da entrevista. Responda apenas com um obrigado e espere pela primeira pergunta.
19. Não se apresse. Espere sempre o repórter formular toda a pergunta e só depois dê a resposta. Controle a ansiedade. Atropelar a pergunta pode confundir o tema e não ser o que o jornalista quer saber.

20. Não balance a cabeça positiva ou negativamente ao repórter para não perder o efeito da surpresa. Balançar a cabeça antecipa a resposta.
21. Dê respostas afirmativas. Evite sempre ser defensivo.
22. Se a pergunta não for clara, não tenha vergonha de pedir que repita. Se a dúvida persistir, refaça a pergunta e diga ao jornalista se é o que ele quer saber. Se houver dúvida, não responda até ela ser dirimida. Se ele não sabe o que perguntar, não o ajude, é o seu trabalho estudar com antecedência a pauta.
23. Se houver mais de um assunto em uma pergunta, não deixe embolar. Responda a cada um separadamente.
24. Tenha cuidado quando o jornalista fizer afirmações e pedir para que você confirme. É como se a resposta fosse sua.
25. Frequentemente, o jornalista faz a mesma pergunta várias vezes. Com isso, ele pode estar testando-o, verificando se não há contradição ou se alguma resposta se enquadra no que ele precisa. Muitas vezes ele não consegue fechar a reportagem sem uma afirmação que sustente a sua história. Não mude o conteúdo para ajudá-lo, iniciativas como essa já provocaram sérias dores de cabeça a líderes de organização.
26. É possível negociar com o repórter o assunto da entrevista, mas não baixe a guarda nunca. Prepare-se mentalmente. Em tempo: jornalista não tem amigo.

Fontes de notícias ou artistas

Se me for dado escolher entre um governo sem imprensa e uma imprensa sem governo, não hesitaria um minuto em preferir a última alternativa.

—*Thomas Jefferson*

Já ouvi uma conversa de que Jefferson depois se arrependeu do que disse. Eu duvido. A liberdade de imprensa é plantada na constituição dos Estados Unidos e aprimorada ao longo de sua história.

Aparecer nas mídias sociais mexe com o ego de entrevistados e entrevistadores. Às vezes é possível perceber uma disputa entre os dois de forma clara. Um faz perguntas quilométricas, o outro, respostas não menos extensas. É verdade que alguns programas permitem perguntas e respostas mais longas, mas são raros. Certa vez, apresentava o *Roda Viva* na TV Cultura e as perguntas eram muito longas. No intervalo, pedi aos perguntadores que não se excedessem no tempo e fizessem perguntas mais curtas. O programa voltou e o primeiro convidado levou sete minutos perguntando. Era uma tese. Alguns querem comparar seus trabalhos com o do entrevistado, parece uma defesa de tese universitária, e não uma entrevista! Os que querem é ficar o maior tempo possível no ar, com a cara na telinha. Há outros truques, como gestos amplos, caretas propositais, inclinação do corpo no cenário, enfim, ao que no teatro se dá o nome de roubar a cena. Como se diz: o Mr. Bean roubar a cena. Nada disso é compatível com o mundo corporativo, onde conteúdo e marca imperam. Deixe isso para os profissionais liberais, assessores, consultores, artistas, celebridades digitais, bloggers, influencers... enfim, profissões que precisam da visibilidade pessoal.

O jornalismo não se confunde com o teatro. Ele trata de coisas reais, do cotidiano, capazes de movimentar a sociedade de alguma forma.

O texto teatral é ficcional, retrata uma situação imaginária, na qual até os personagens podem ser fictícios. Portanto, são duas coisas distintas. A credibilidade do enredo teatral tem a anuência do espectador, que finge acreditar na trama e se sente atingido pela emoção que os atores fingem sentir.

A comunicação é de tal ordem que muitos espectadores se emocionam mesmo sabendo que tudo o que veem é de mentirinha. O jornalismo está longe disso, ele não é ficcional, trata apenas com fatos que são motivos para reflexões, análises, polêmicas, opiniões, interpretações etc.

O "aparecer" na mídia lança mão de recursos da arte cênica e nem por isso uma coisa se confunde com a outra.

1. Os estúdios são suficientemente amplos para conter os cenários. Há programas jornalísticos que usam fotos ou gravuras de fundo retratando determinada cidade ou região facilmente identificável. Na CNN, no programa *Q&A*, aparecem cenas de Washington, Nova York, Londres ou de outras cidades onde estão os debatedores ou jornalistas. O cenário dispensa a identificação do local onde o personagem está.
2. Outro recurso teatral é o guarda-roupa. É claro que você vai ter de providenciar o seu. Em programas jornalísticos, os apresentadores, na maior parte das vezes, usam paletó e gravata ou roupas discretas. Você não pode deixar por menos, sob pena de se sentir inferior.
3. Essa repetição é proposital para que você não se esqueça: cuidado com roupas femininas extravagantes ou joias, brilhantes e em profusão. Elas confundem a atenção do público. Use acessórios simples e bonitos.
4. Idem: gravatas escandalosas, nem pensar. Eu mesmo já fui criticado por um internauta que achava minha gravata muito chamativa, ou porque o nó estava fora do lugar. Inicialmente, isso foi uma surpresa para mim, afinal, o reclamante não prestou atenção em nada do conteúdo do programa, só na gravata... Os especialistas americanos em campanha eleitoral recomendam terno escuro, gravata vermelha

e camisa branca. E parece que todos os políticos de Brasília assimilaram o conselho.

5. Há certos espetáculos teatrais que carregam na maquiagem dos atores. Veja o coringa. É uma exigência do conteúdo ou do diretor da peça. Em geral, sempre se usa maquiagem no teatro para todos os atores. As mídias sociais sempre têm imagem, e usam esse recurso. Primeiro porque é uma exigência técnica para que as pessoas não "brilhem" no ar, ou seja, provoquem reflexos. Isso é mais acentuado nos calvos. Se quiser dar uma suavizada no rosto, é preciso usar um corretivo para atenuar as olheiras e uma base para deixar as rugas e as marcas da idade mais domesticadas. Há um político que tem olheiras tão profundas que os diretores de vídeo o apelidaram de vampiro brasileiro. Entrevistei centenas de homens e mulheres. Um ou outro apenas se recusou sob o pretexto de que era alérgico. A justificativa não me convenceu. Em todo caso, não vá exagerar como alguns apresentadores que passam um batonzinho para destacar os lábios. Se fizer isso, o público vai perceber. Nada de mais, apenas uma dica. A propósito, em outras plataformas não precisa usar maquiagem.

6. Lembre-se de que debaixo de muita luz muita coisa muda. A iluminação é outro recurso cênico obrigatório na gravação de imagens, ainda que os equipamentos sejam cada vez melhores. É tão importante que há técnicos especializadíssimos nisso. É por isso que nos salões de maquiagem há tanta luz no espelho.

7. A mímica é outro recurso que precisa ser usado com moderação. Ela é bem-vinda quando utilizada como um recurso natural, como usamos no dia a dia. Uns gesticulam mais, outros menos, mas deve-se conter o exagero apenas como uma maneira falsa de atrair a atenção. Gesticule normalmente, como se não estivesse em uma reunião com os seus liderados. Determinados gestos chegam a ridicularizar o entrevistado, como o de pôr e tirar os óculos várias vezes. Algumas pessoas, inconscientemente, ficam mexendo na pulseira do relógio, estalam dedos, limpam unhas, puxam as mangas do paletó etc. Cuidado com os extremos de molhar o dedo na língua para virar páginas de um livro ou script. Avalie que o repórter também faz leitura corporal, e suar ou mãos geladas na hora do cumprimento são mensagens de intranquilidade imediatamente

identificadas. Com isso, o interlocutor se sente em posição de vantagem e também de liderança da entrevista.
8. Acredito que você já tenha visto aquelas duas máscaras que representam a comédia e o drama no teatro, uma com a boca para cima, sorrindo, e outra com a boca para baixo, demonstrando tristeza. É um símbolo, claro, mas é uma realidade também. Por isso, não mude seu rosto com caretas, língua molhando os lábios, mãos no nariz, nos olhos etc. O semblante é a parte mais expressiva no vídeo. Ele externa os sentimentos que passam na nossa mente, e é um ótimo indicador de coerência e sinceridade do que está sendo falado. Não se pode passar uma fisionomia de indiferença se o assunto é de alegria ou de tristeza.
9. Outro recurso é a voz. Geralmente não se usa microfone em teatros e os atores impostam a voz e fazem exercícios para fortalecê-la. Para uma entrevista em veículo eletrônico, não há a necessidade de uma coisa nem de outra. O microfone é muito sensível, basta falar normalmente; contudo, é sempre bom fugir do monocordismo. Lembre-se de que a boa comunicação é aquela em que nós convencemos o outro daquilo que queremos dizer.
10. Alguns executivos cultivam um bom relacionamento com a mídia mesmo quando não podem aparecer em reportagens e entrevistas.
11. Se você quer ser um garoto-propaganda, desista de ser fonte e dar entrevistas. Peça à sua empresa que compre um espaço publicitário na mídia social, tome um banho de loja, faça uma plástica, decore o texto, submeta-se a uma direção artística e arrume uma bela caneta para dar autógrafos na rua. Dar autógrafos é uma coisa excitante, pode ter certeza, mas desista de ser uma fonte confiável e encare a vida numa boa. Não faltarão convites para talk-shows, e você vai aparecer charmosíssimo nos programas comandados pelas influencers da hora. Nada contra, apenas uma opção entre ser artista ou fonte.
12. Coloque-se na posição do receptor da mensagem e avalie se o que você fala é o que pode atrair a atenção dele.
13. Procure restringir sua participação em assuntos de sua especialidade. Só artistas falam de tudo todo o tempo, e contam e recontam sua carreira de sucessos, com largas doses de emoção. Eles vivem disso, você não.

14. Não esqueça que a audiência em plataformas não especializadas é quase sempre composta de um conjunto heterogêneo de pessoas e com atenção e interesse que não resistem à mais leve dificuldade de entendimento.
15. Finalmente, reveja, sua entrevista deve estar no YouTube, e peça para outra pessoa fazer uma análise crítica. Primeiro os defeitos, depois as qualidades. Se perceber que tem algum problema, como língua "plesa", faça uns exercícios com uma fonoaudióloga. Depois de algumas aulas, a voz melhora muito, apesar de, para alguns, ter a língua "plesa" dá um charme republicano. Às vezes, presidencial...
16. Se você me perguntar por que tudo isso, eu respondo que a comunicação está cada vez mais associada à imagem. Mesmo os repórteres de mídias impressas gravam as entrevistas em vídeo, como eu já disse. Com a confluência das mídias sociais no computador, digitalizadas e globalizadas, é cada vez maior o uso da imagem. Jornais e revistas, aos poucos, estão se digitalizando e os textos impressos somente em bites na tela do computador. O papel e a tinta, símbolos do passado, vão desaparecer. Os avanços na era digital são imensos e a imagem está no centro de todas essas possibilidades. Quantas entrevistas corporativas devem estar arquivadas no YouTube? E no buscador Google? Não há mais site de veículo de comunicação que, no meio dos textos, não tenha uma janela para um vídeo ou link com reportagens ou entrevistas. Em alguns casos elas estão, simultaneamente, arquivadas em texto e vídeo. Isso amplifica a importância da comunicação na sociedade e ela está cada vez mais impregnada nas atividades humanas. Imagine se, além de ler *O Príncipe*, se pudesse ver um vídeo explicativo de Maquiavel...

Um por todos...

Inteligência é a rapidez em usar as coisas como são.
— *Santayana*

Cuidado com o complexo de Clark Kent. Pense bem antes de tirar o paletó e a gravata e virar uma superfonte capaz de enfrentar uma horda de jornalistas apenas com o seu sopro devastador e a sua visão de raio X. Enfrentar um jornalista requer cuidado e apoio da assessoria de imprensa, enfrentar vários é mais difícil.

Não caia na história do mestre de xadrez capaz de vencer uma centena de adversários de uma única vez. Na verdade, ele sempre jogou contra um em cada tabuleiro, e no um a um ele vence todos. Mais ou menos como na lenda de Roma do duelo entre os três irmãos Horácios e Curiácios. Se todos os cem desafiantes ficassem em um mesmo jogo, todos pensando conjuntamente contra o mestre de xadrez, aí as coisas mudariam de figura. Na entrevista coletiva é semelhante. Ainda que cada jornalista tenha as suas perguntas próprias, há algumas que são do interesse comum e todos se juntam para obter as melhores respostas. Nessa hora é um contra vários. Por isso pergunto, vale a pena correr o risco? Em tempo, Clark Kent era jornalista do Planeta Diário, e não o CEO.

1. É necessário tomar muito mais cuidado nas entrevistas coletivas. Se forem desorganizadas, o entrevistado fica em posição difícil e tem muito mais chance de se sair mal. Submeter-se à correria de repórteres na porta do hospital, delegacia ou na saída do estacionamento

é pedir para tomar um nocaute. Coletivas só em locais organizados pelo departamento de comunicação.
2. Entrevistas coletivas devem ser dadas em locais fechados, com número certo de jornalistas.
3. Um assessor de imprensa deve ser o mediador. Ele anota o nome de todos, plataforma em que trabalham e dirige a entrevista. Ele tem o controle do tempo e dirige a entrevista para que todos os jornalistas tenham suas perguntas respondidas e para que a fonte não seja massacrada.
4. O entrevistado só responde a perguntas durante a entrevista coletiva. Não fala com nenhum repórter em particular, nem antes nem depois.
5. Após a última resposta, o entrevistado sai da sala e deixa tudo por conta do assessor de comunicação.
6. O assessor abre a sessão e dá um tempo para que o entrevistado fale sobre o tema. Nesse período não permite que ninguém faça perguntas. Se alguém fizer, o entrevistado não deve responder. Diz que responderá depois que terminar.
7. O assessor de imprensa chama o repórter pelo nome, diz o veículo ao qual pertence. Terminada a resposta, chama outro. Não deve permitir "repergunta". A não ser que a resposta não fique clara. Se o repórter tiver mais alguma pergunta, deve esperar uma nova rodada.
8. Em uma entrevista coletiva em Londres, o jornalista Tim Phillips fez uma pergunta embaraçosa para Bill Gates. Ele perguntou por que um de seus softwares dava tanto prejuízo para seus compradores. Gates tomou a palavra e disse: "Não é isso que você quer perguntar". Refez a pergunta com outro assunto, respondeu e continuou com os outros jornalistas, como se nada tivesse acontecido. Tim ficou sem sua resposta e ninguém a publicou, a não ser ele mesmo em um livro...
9. Jamais se deixe envolver em debate ou querela com o jornalista. Isso pode virar tumulto. Espere uma oportunidade para responder depois.
10. Nunca responda a outra pergunta sem antes responder à anterior.
11. Seja proativo e não espere as perguntas desconfortáveis. Dê a sua versão dos fatos antes das perguntas dos jornalistas.

12. Cuidado com os "jornalistas espiões" que circulam pelo ambiente em busca de outras informações. Lembre-se de que a entrevista só acaba quando termina... e as notícias já estão no smartphone ou publicadas na internet.
13. Alguns jornalistas têm mais pressa do que outros, e podem ser atendidos em primeiro lugar, mas depois da explanação inicial da fonte.
14. A entrevista coletiva é organizada necessariamente pela assessoria de imprensa, que tem as ferramentas técnicas para que tudo saia bem. Não se esqueça de que o embate é entre você e um grupo de jornalistas e uma pergunta pode abrir espaço para outra. Há casos de verdadeiros nocautes em entrevistas coletivas. Todo cuidado é pouco.
15. Geralmente elas acontecem quando há um grande acontecimento na corporação. Pode ser a inauguração de uma nova unidade, a visita de um cientista ilustre ou a queda de uma aeronave. Em qualquer caso a entrevista coletiva tem um caráter solene, haja vista que é um momento de maior exposição da marca, todas as mídias estão lá representadas e a repercussão é grande.
16. Material com o conteúdo do tema é um bom ponto de apoio e deve ser distribuído antes ou depois, nunca durante para não dispersar a atenção dos convidados.
17. Na mesa dos entrevistados devem estar o mediador no centro, à sua direita o gestor, que pode ou não ser o CEO da organização, e alguns diretores/gerentes responsáveis por áreas envolvidas no tema tratado. É bom que as perguntas sejam dirigidas ao diretor e ele passe ou não a bola para o gestor de área específica. Vou repetir: tem que ter mandato da empresa sobre o assunto.
18. É preciso um treino antes, com a definição de quem fala o quê, para na hora não dar motivos para interpretações diferentes. O pior que pode acontecer é um dizer uma coisa e outro dizer outra coisa com contradições aparentes ou não.

Não é possível mais distinguir em quais mídias o jornalista trabalha. Ou melhor, é. Ele trabalha em todas. Portanto, sua entrevista ou reportagem pode ser exibida em uma, duas ou em todas essas mídias. No meu caso, diariamente faço postagens de vídeo, áudio e texto com podcasts no portal R7, no Facebook, no Instagram, no Twitter, no YouTube, na RecordNews TV, no site, no Sptofy e não sei mais onde. Portanto, essa notícia tem muito mais chance de alcançar o público-alvo.

A entrevista fora do ambiente de trabalho

Não é bom tocar nos ídolos, o dourado pode grudar em nossas mãos.

— *Flaubert*

O melhor é que o encontro com o jornalista para uma entrevista seja em um local familiar para a fonte, geralmente em sua sala de trabalho ou em outro local na empresa. É mais fácil recorrer a dados, informações, ajuda de especialistas e do cenário onde algum processo se desenvolve. Contudo, muitas vezes a fonte é convidada para dar entrevistas em estúdios ou redações. O estúdio é o espaço físico onde ocorre uma entrevista. No mundo digital, hoje, tanto as mídias tradicionais como as novas têm espaço na Internet. O estúdio é desenhado para atender às necessidades técnicas de som, luz e imagem. Há os mais diversos tipos, com ou sem ar-condicionado. É natural que a perspectiva de atuar como entrevistado em um estúdio seja suficiente para deixar quem não está treinado apreensivo. Para diminuir essa tensão, veja estas dicas:

1. Não fique olhando os detalhes do estúdio durante o tempo em que estiver ou não no ar. Você pode ser flagrado em poses que não ajudam sua imagem e empatia. Preste atenção no repórter. Só no repórter.
2. Cuidado com o microfone. Verifique se ele não raspa na sua roupa; o ruído pode arruinar a entrevista. Ao fazer gestos, cuidado para não bater no microfone de lapela — ou de mesa, se estiver em uma

mesa. Fique de frente para ele, a uma distância de uns dez centímetros. Não faça comentários impertinentes.
3. Evite bater na mesa. O som é amplificado e estoura no ar. Se o microfone for de pedestal, unidirecional, antes da entrevista pergunte a um técnico qual é a distância ideal para falar. Se você se aproximar muito, dá "puff", se se afastar muito, corre o risco de sua voz não ser captada. Jamais bata no microfone para saber se ele está funcionando. Isso é problema da técnica da plataforma.
4. Se você tem uma caneta esferográfica, deixe-a em casa ou no bolso. Não fique apertando e soltando a ponta. O tique-tique é captado e arremessado no ouvido do pobre e distinto público, que está pacientemente esperando por suas palavras. Não abuse da paciência dele.
5. Beba água antes de a entrevista começar, mesmo que o copo esteja ao alcance da sua mão o tempo todo. Ou deixe para o intervalo. Tomar um gole entre uma resposta e outra pode fazê-lo tossir, em vez de falar. Já aconteceu comigo.
6. Cuidado com o cafezinho doce antes de entrar no ar. Pode dar coceira na goela e atrapalhar sua performance.
7. Antes da entrevista, com muito jeito, diga ao repórter ou entrevistador como se pronuncia seu nome. Não confie nele. É você que sabe como se diz o seu nome, não ele. Se for necessário, repita com delicadeza.
8. Quando for gravar entrevista no estúdio ou com o repórter, S-O-L-E-T-R-E o seu nome. Não se acanhe, ou se arrependerá quando vir como ele foi escrito na tela. Nem todo jornalista se lembra de pedir para o entrevistado soletrar o nome.
9. Jamais fale perto do microfone e da câmera o que você não quer que os outros saibam. O jargão para isso é "vazar". É comum, mesmo com jornalistas experientes, o caso de vazamento de comentários no ar. Há o exemplo do comentário durante uma apresentação de um balé. O apresentador jura que não foi ele que deixou vazar o comentário. Há o caso do ministro que fez comentários e não só o microfone e a câmera estavam abertos, mas o satélite também. Uma boa parte do país ouviu ele dizer: "O que é bom a gente mostra, o que é ruim a gente esconde". Teve que se demitir. Há inúmeros

outros exemplos. Acontece até mesmo com gente experiente: um apresentador foi mostrado bocejando, outro comendo biscoitinhos. Certa vez, o presidente americano Reagan foi a uma entrevista em rádio e pediram a ele que testasse o microfone. Ele, brincando, disse: "Começou a Terceira Guerra Mundial. Nossos foguetes nucleares estão sendo lançados contra a União Soviética...". A brincadeira quase terminou mal. Jornalistas que não sabiam tratar-se de um teste correram para os telefones para avisar suas redações que a guerra tinha começado.

10. Depois que você entrar no estúdio, só fale o que for pertinente para preparar a entrevista. Não se esqueça de que os microfones estão sempre abertos na sala de controle técnico do estúdio, conhecida como *switcher*. Tudo o que você disser está sendo ouvido lá. Cuidado com os comentários sobre a equipe do programa e da plataforma de comunicação.

11. A câmera se posiciona diante do entrevistado em ângulo frontal. Ela é regulável. Observe se ela está um pouco acima da linha dos seus olhos, que é a posição correta. Se sentir que tem de baixar a cabeça para olhar na lente, peça ao *cameraman* que levante um pouco a câmera. Não se acanhe, isso é normal entre os profissionais de vídeo.

12. Pergunte ao entrevistador para onde você deve olhar. Se não obtiver resposta, procure olhar diretamente para a lente da câmera. É lá que está o telespectador com o qual você quer falar, passar sua mensagem. Olhe fixamente para ele, nos seus olhos, representados pela lente.

13. Se o apresentador pedir para você olhar para ele é porque as câmeras devem se posicionar de tal forma que nem você nem ele apareçam de perfil na tela. Aparecer de perfil em uma entrevista é a anticomunicação, pois isso não prende a atenção e ele vai se sentir excluído da conversa.

14. Um dos defeitos mais comuns daqueles que enfrentam estúdio é a postura errada. Não se curve nunca para a frente, dá impressão de agressividade e os ombros se encolhem, diminuindo sua imagem na tela. Há um telejornal em que a dupla de apresentadores é constantemente mostrada de perfil no ar. Creio que isso contribui para

não aumentar a audiência do programa. Mesas tipo "bancada", que põem um ao lado do outro, induzem ao perfil porque as câmeras não podem se deslocar o suficiente e ficam confinadas na parte da frente.
15. Fique relaxado e seguro. Você é o especialista no tema que vai ser abordado. Se o local for uma bancada, apoie a mão na mesa, mas sem ficar crispando os dedos ou rodando o anel de formatura que ganhou da vovó.
16. Sente na ponta do paletó para não ficar uma "corcunda" no seu ombro.
17. Abotoe SEMPRE o primeiro botão do paletó se a entrevista for sentada; se for de pé, abotoe TODOS. Não permita que a ponta de sua gravata escape do paletó por baixo, perto da cintura. Fica horrível, vai chamar a atenção do público para essa parte sexy do seu corpo.
18. Se lhe oferecerem uma poltrona, procure ficar o mais equilibrado possível, não se aproveite de sua maciez para se jogar para um lado ou outro. Procure sempre o prumo. Poltronas induzem pessoas a se esticarem e no ar parece que estão deitadas.
19. Acomode-se confortavelmente na cadeira, solte os músculos, fique calmo e respire devagar. Não permita a aceleração da respiração, pois, além de provocar suor, ajuda a intranquilizar a pessoa. Mantenha a coluna ereta, repito: sente na ponta do paletó para não ficar enrugado no pescoço e no ombro. A luz do estúdio aumenta esses defeitos.
20. Verifique se a cadeira está na altura de suas pernas e procure não encostar no espaldar; fique com a coluna ereta, procurando imitar o apresentador. Não se balance em cadeira giratória.
21. Cuidado com a caneta esferográfica que induz o entrevistado a fazer barulho no estúdio. O ruído poderá sair no ar.
22. Esqueça a câmera ou o microfone. A responsabilidade de colocá-lo frente a frente com o público é da produção, não sua. Deixe suas anotações ao alcance da mão. O papel toalha também, caso comece a suar sob as luzes.
23. Jamais faça trejeitos com a boca. Procure reprimir tiques, como apertar os lábios ou molhá-los com a língua. Em close, eles podem

criar uma imagem ótima para uma pegadinha do programa do Faustão.
24. Dispense um belo prendedor de gravata, abotoadura brilhante, braceletes maravilhosos, antigos camafeus, enfim, objetos que podem tirar a atenção do público do que você vai falar.
25. Jamais ponha a mão no microfone. Mesmo se for o microfone manual do repórter. Jamais segure o microfone junto com o repórter. É função dele, não sua.
26. Seja solícito com a equipe de estúdio. Eles são parte do processo de produção da entrevista ou da reportagem no seu consultório ou hospital. Cumprimente todos ao entrar ou sair. Dê a mão. Preste atenção no que eles dizem porque são as dicas técnicas e formais do programa.
27. Se alguém do estúdio antes ou depois da entrevista lhe fizer alguma pergunta que se pareça com uma consulta, seja educado e peça que o procure no consultório; explique didaticamente que não pode dar consultas fora das condições mínimas exigidas.
28. As mídias eletrônicas são a maioria nas entrevistas coletivas, e é comum encontrar no meio daquele buquê de microfones na boca do entrevistado. No meio da confusão, procure responder olhando sempre para as câmeras, mesmo que a pergunta tenha sido feita por um jornalista de outro meio. Eles não vão mostrá-lo na tela, o vídeo vai.
29. Não se desconcentre nunca. Não baixe a guarda nunca. Lembre-se do George Foreman.
30. Bons repórteres sabem como encontrar o ponto fraco do entrevistado e explorá-lo. Um deles é a vaidade. O outro é a arrogância. Controle-os.

Eu me amo

> *O cisco em teu olho é a melhor lente de aumento.*
> —*Theodor Adorno*

Esta é uma avaliação na qual selecionei o que considero os melhores atributos de um entrevistado. É uma ficha útil para avaliar tanto aspectos formais como de conteúdo e de comunicabilidade. Os atributos formais estão associados à percepção de cada um deles. Por isso, não seja bonzinho com você mesmo. Se for possível, peça para alguém de sua confiança ler ou assistir a uma entrevista sua e dar nota de acordo com os conceitos. Troque ideias com o avaliador. Lembre-se de que a entrevista é mais uma ferramenta para construir a percepção que o público faz da marca, da organização e sua. É uma construção, é um processo que pode avançar mais ou menos rapidamente, depende de aprimoramento, esforço, decisão estratégica, treinamento, perseverança e... sorte.

O segundo exercício é uma inversão de papéis, em que você é o repórter atrás de uma notícia.

Mídia training/Minha percepção de desempenho

Nome:	
Cargo:	
AVALIAÇÃO	
Apresentação pessoal	
Postura (credibilidade)	
Fluência (concentração)	
Dicção (respiração)	
Timing (síntese)	
Segurança (convencimento)	
Logicidade (clareza)	
Conteúdo (estrutura)	
Sagacidade (arremate)	
Simpatia (aproximação)	
Naturalidade (entonação)	
Key messages (liderança)	
Gestualização	
Conceito = média ponderada	
Ótimo 9 a 10	
Bom 7 a 8	
Regular 4 a 6	
Fraco 0 a 3	
Classificação:	
Média ponderada de pontos:	
Principal atributo:	
Pior atributo:	

É comum a equipe de produção ou o jornalista, baseado genericamente nesses conceitos, dar uma nota para o entrevistado. O que consideram bom ou ótimo tem mais chances de voltar a ser convidado. A nota também põe obstáculo na hora de convidar alguém que fala e se apresenta "mal". É costume na agenda do produtor a marcação de estrelinhas ao lado do nome que indica o conceito. Quando surge um assunto em determinada área, tenta-se primeiro o de maior número de estrelinhas, e só quando não se consegue ninguém com características favoráveis é que se procura outros entrevistados.

O repórter procura notícia

Neste exercício, você é o repórter que vai apurar uma notícia. Cuidado, pois uma informação recebida pode ou não virar notícia.

Imagine uma pauta: passaram uma informação para a plataforma que sua empresa é responsável por uma poluição atmosférica que levou muitas crianças do bairro ao pronto-socorro.

O editor passa essa pauta para você, o repórter que vai entrevistar o diretor industrial da empresa.

Após a entrevista, na qual você tenha confirmado a notícia, vai ao editor e diz se há ou não matéria para ser publicada.

Faça uma manchete tendo a fonte como base da entrevista. Faça também um título e um *lead* da reportagem. O *lead* é de no máximo cinco linhas e responde a "quem?", "como?", "quando?", "onde?" e "por quê?". Sem isso não há matéria e a reportagem está perdida.

Faça o exercício a seguir para descobrir como está a comunicação da sua empresa.

Assinale o sucesso (s) e o fracasso (f) na comunicação corporativa

1. Objetividade	
2. Subjetividade	
3. Foco	
4. Falar de tudo	
5. Simpatia	
6. Última coca-cola do deserto	
7. Utilidade	
8. Sustentabilidade	
9. Ação de responsabilidade social	
10. Análise técnicas	
11. Marketing	
12. Publicidade	
13. Dispersão	
14. Conflitos éticos	
15. Marketing de relações	
16. Páginas na Internet	
17. Key message	
18. Notícias pessoais	
19. Humildade	
20. Dispersão	
21. Arrogância	
22. Sabe de tudo	
23. Sabedoria	
24. "Curto e grosso"	
25. Sem limite	
26. Improvisação	
27. Apressado	
28. Desatenção	
29. Valor de marca	

Hora do recreio

Para relaxar um pouco com tanta dica sobre jornalismo e jornalistas, pegue um filminho em sua plataforma de streaming favorita. Segue uma listinha com dicas:

1. *Boa noite e boa sorte* — George Clooney
2. *O corte*, do direitor Costa Gavras
3. *Fogueira das vaidades* — Tom Hanks/Melanie Griffith
4. *Íntimo e pessoal* — Robert Redford/Michelle Pfeiffer
5. *O jornal* — Micheal Keaton/Glenn Close
6. *Mera coincidência* — Dustin Hoffman/John Travolta
7. *A montanha dos 7 abutres* — Kirk Douglas
8. *Network, rede de intrigas* — Willian Holden
9. *Primeira página* — Walter Matthaw/Jack Lemmon
10. *Quarto poder* — Dustin Hoffman/John Travolta
11. *Síndrome da China* — Jane Fonda/Michael Douglas/Jack Lemmon
12. *Todos os homens do presidente* — Dustin Hoffman/Robert Redford

Ética de lado a lado

No caminho do meio, sempre irás bastante seguro.
— *Ovídio*

Não se faz jornalismo sem fazer vítima. Essa frase foi parodiada de uma afirmação de Ulisses Guimarães, que dizia que não se faz política sem fazer vítimas. Ou do dito popular de que para fazer omelete é preciso quebrar os ovos. Obviamente a divulgação de uma notícia sempre provoca uma reação social, para o bem ou para o mal. Mas sempre há algum reflexo. Se não houver alguma reação, não é notícia. Como dizia Millôr Fernandes, jornalismo é oposição, o resto é armazém de secos e molhados. Por isso, a atividade de jornalista precisa ser exercida com o máximo de cuidado e ética. A operação correta é um dos pré-requisitos para a construção de uma reportagem que diz respeito a você ou às suas atitudes profissionais. Às vezes, fontes e jornalistas se tornam inimigos pessoais por causa do conteúdo delas. Se acontecer de não gostar do resultado de uma entrevista ou reportagem, diga ao jornalista, pontualmente, do que não gostou. Mas não vá transformá-lo em inimigo por causa disso. Você e ele vão continuar trabalhando nas suas respectivas atividades e certamente vão se encontrar de novo.

Não se intimide diante de uma reportagem ou entrevista, seja no estúdio ou em seu escritório. A profissão de jornalista tem limites. São os limites éticos. Eles devem ser cobrados sempre, uma vez que a sua obediência é uma forma de aprimorar uma atividade social de grande importância que, se mal dirigida, pode provocar amplos estragos morais e materiais nos personagens das reportagens, e nas marcas das corporações.

Uma das formas de se aprimorar a democracia é exigir conduta ética dos jornalistas e dos veículos. A sociedade deve fiscalizar a ação da mídia e cobrar isenção, ética, transparência, direito ao contraditório etc. A vigilância ajuda a melhorar A mídia, que, entre outras atribuições, tem a função de fiscalizar o poder público. Se quiser se aprimorar no assunto, lembre-se de que ética é uma reflexão crítica sobre a moralidade, um conjunto de princípios e disposições voltado para a ação, historicamente produzido, cujo objetivo é balizar as ações humanas. O jornalista, como outros profissionais, necessita de um código de ética conhecido para que a sociedade possa fiscalizar seu cumprimento. Contudo, nenhum jornalista pode ser punido por um Código, por não ser ético. Não há um código único para todo mundo, afinal, a aceitação dele é uma iniciativa pessoal e o conjunto de valores, livremente escolhido. Há alguns que são consenso e aceitos pela maioria dos jornalistas, meios e plataformas. Mas, repito, não há unanimidade.

Veja alguns parâmetros que devem ser exigidos do jornalista, seja ele um iniciante ou uma grande estrela:

1. Quem deve vigiar e punir o jornalista é a opinião pública, uma vez que ele também sobrevive de sua credibilidade. Nada de Lei de Imprensa, Conselho de Jornalismo e outras fórmulas fascistas de controlar a liberdade de divulgação e de expressão. Com o advento das mídias digitais aprofundou-se a liberdade de expressão.
2. Cobre do jornalista o dever de dizer sempre a verdade e resistir às pressões que possam desviá-lo desse rumo. Ele não pode estar a serviço de nenhuma outra causa a não ser a de informar o público.
3. Não conte um segredo para o jornalista; ele tem o dever de divulgar todas as notícias de interesse público, não pode guardá-las para si.
4. Um repórter não pode ser recebido em seu escritório e se apropriar de qualquer documento sem o seu consentimento, sob nenhuma desculpa. Já ouvi casos curiosos de jornalistas que viram alguma coisa importante sobre a mesa do entrevistado e se apropriaram dela de forma furtiva. Há uma discussão no meio jornalístico se, em determinadas circunstâncias, os fins justificam ou não os meios. Portanto, fique atento.

5. Não se esqueça de que não há jornalista imparcial. Todos são parciais, ainda que alguns não tenham consciência disso. O que deve ser exigido é a busca da isenção no seu trabalho.
6. Não há objetividade total no trabalho jornalístico, há sempre uma dose de subjetividade, por mais que o jornalista se esforce. Não se esqueça disso quando der entrevistas, principalmente para plataformas impressas.
7. O jornalista tem que respeitar a orientação sexual e a origem étnica das pessoas sob pena de incentivar a discriminação e o racismo. Não aceite nenhuma insinuação que denote qualquer tipo de racismo ou de preconceitos que firam sua dignidade ou maneira de ser.
8. O sensacionalismo é outra prática reprovável, uma vez que não se respeita o sentimento das pessoas. Ele é uma exacerbação das emoções, o que liquida com a isenção. Não contribua jamais com isso; é, como dizia o filósofo popular, "É uma faca de dois legumes".
9. Jornalista não é policial, promotor ou juiz, nem pode se dirigir aos entrevistados como se os estivesse interrogando em um inquérito. Quem pune é a Justiça, não a mídia. Esta só noticia.
10. Não admita o carteiraço, um suposto direito que alguns jornalistas achavam que tinham apenas por exercer a profissão. Eles não têm direito de entrar em festas ou espetáculos sem pagar, se não forem convidados, nem de furar filas. Devem pagar como qualquer outra pessoa. São cidadãos como outros quaisquer, portanto, submetidos às leis que valem para todos. Não têm o direito de invadir o seu local de trabalho, ou a sua casa, com a câmera ligada e fazendo perguntas sobre um assunto que você desconhece. Há casos de pessoas que fizeram sucesso agindo dessa forma antiética. Você tem o direito de saber se está ou não sendo gravado ou posto no ar ao vivo. Já vi um repórter avançar em uma entrevista coletiva gritando com os seus colegas e com o entrevistado: "Estou ao vivo", como se fosse um "saiam da frente que estou chegando". Muita gente se intimida com isso. No caso em questão, o entrevistado disse firmemente ao repórter para que aguardasse a sua vez de perguntar.
11. Todo mundo é inocente até decisão final da Justiça, portanto, não aceite condenações da imprensa se há um processo em curso.

Personagens de reportagens podem ser suspeitos deste ou daquele ato ou delito, não culpados. Repito. Jornalista não é juiz.

12. A lei proíbe a divulgação de foto, nome, apelido, filiação, parentesco ou residência de menores de 18 anos. Em caso de dúvida, consulte o Estatuto da Criança e do Adolescente.
13. Não se divulga notícia não confirmada. Isso é mau jornalismo, logo, é antiético. lembre do que eu disse anteriormente sobre as fake news. Além de prestar um péssimo serviço à sociedade, pode provocar danos morais e materiais a pessoas e empresas. Avalie a possibilidade de pedir a intervenção da Justiça para reparar os possíveis danos cometidos. Há lei no país.
14. Não tema desagradar o jornalista por causa do espírito de corpo da categoria (todas elas têm um). Muitas vezes, temendo represálias de outros jornalistas e plataformas, os atingidos por reportagens imprecisas não reclamam por reparação. Se você agir assim, estará contribuindo para a perpetuação do mau jornalismo.
15. Se você for personagem de uma reportagem que considerar difamatória ou ofensiva, peça direito de resposta. Antes, peça por escrito uma cópia com a reportagem na qual você ou sua empresa foi citado. Há uma legislação que garante isso e o advogado sabe como fazer. Assista à reportagem antes de solicitar qualquer reparação. Não confie no relato de outras pessoas porque, nesse caso, se aplica o dito popular "quem conta um conto aumenta um ponto".
16. Lembre-se de que as respostas devem ocupar o mesmo horário e a mesma duração da reportagem original. Não aceite ser acusado no momento de maior audiência da plataforma e ter seu direito de resposta veiculado de na aba da home page.
17. As plataformas têm obrigação legal de preservar e fornecer cópias das reportagens exibidas. Veja os detalhes da lei com um advogado.
18. Não colabore para piorar o trabalho do jornalista oferecendo favores pessoais ou da sua empresa. Se você envia presentinhos para o jornalista esperando uma reciprocidade na forma de benevolência no tratamento nas reportagens, ou espaços na mídia para você ou para a sua empresa, tire o cavalo da chuva. Isso é jabá, no jargão jornalístico. Os jornalistas não aceitam trocar reportagens por presentinhos, além disso, podem se ofender e você pode pôr a perder um bom relacionamento.

19. Se você é fonte de notícia de um ou mais jornalistas, não se torne amigo dele. Não o convide para passar o final de semana em sua casa de praia. Isso provoca um conflito de interesse, tanto para você como para ele. Escolha: ou você é fonte ou é amigo. Não dá para ser as duas coisas ao mesmo tempo, sob pena de uma das duas partes sair perdendo: ou o jornalismo ou você e a sua empresa.
20. Sua empresa patrocina um encontro de jornalistas, um fórum, um debate, um seminário ou a revista do sindicato? Ótimo, está dando uma contribuição para melhorar a mídia em geral. Sua empresa ganha em visibilidade da marca, na categoria e na mídia, com os que vão ser atingidos pela veiculação. Só isso basta. É um ledo engano achar que com isso você vai ter a simpatia ou ganhar mais espaço. Se considerar essa hipótese, economize seu dinheiro.
21. Jornalista não vende publicidade. Não trate com ele qualquer veiculação de publicidade da sua empresa. Deixe isso para seu departamento de marketing, que vai entrar em contato com as mídias para tratar do assunto. Há programas que cobram para entrevistar e aparecer. Nada contra. Saiba apenas que não são programas jornalísticos e, portanto, de credibilidade questionável. São verdadeiras colunas sociais nos sites.
22. Anunciar em uma mídia social não quer dizer comprar o editorial. Mídia séria não vende editorial, vende mídia. Por isso você anuncia lá, para que sua marca cresça em credibilidade e seus produtos e serviços vendam mais. Esse deve ser o único critério para decidir sobre a compra de espaço publicitário. Não contribua para piorar o relacionamento entre os departamentos de jornalismo e comercial de uma plataforma de comunicação, que muitas vezes já é tenso. Os jornalistas querem preservar a independência do que fazem, para isso, não podem admitir interferências comerciais em suas reportagens. Eles zelam para que o muro que separa o editorial dos negócios da plataforma seja cada vez mais forte e não sofra abalos.
23. Não contrate jornalista para gravar publicidade de sua empresa, ele está eticamente impedido. Há casos conhecidos de demissões por causa disso.
24. Ameaçar retirar a publicidade de uma mídia porque ela está fazendo reportagens que podem atingir você, ou a sua empresa, não vai

impedir que novas reportagens sejam realizadas. Caso isso aconteça, essa pressão pode se transformar em reportagens de outros sites e provocar um estrago ainda maior na imagem e na marca.

25. Use o informe publicitário se a mensagem que você quer transmitir para a sociedade for urgente e não puder esperar pela reparação pedida. Uma empresa de comunicação não pode se recusar a recebê-lo.
26. É dever do jornalista contextualizar a informação, por isso verifique se a manchete corresponde ao conteúdo da reportagem.
27. Críticas não podem ser genéricas. "Determinado banco", "determinado supermercado", expressões como essas atingem a todos. Exija que o jornalista e o veículo deem nome aos bois. Sua empresa não pode ser jogada na vala comum se não praticou nenhum ato antissocial.
28. Lembre-se: o assessor de imprensa da sua empresa não está como jornalista, ainda que tenha cursado a faculdade. Há conflito de interesses. Não dá para ser assessor de imprensa de manhã e trabalhar em empresa jornalística à tarde. São funções distintas e de relevância social, mas como diz o filósofo já citado: "Uma coisa é uma coisa, outra coisa é outra coisa".
29. Sua empresa tem uma política de comunicação? Não confunda com momentos de comunicação. Estes não funcionam. Construir uma boa comunicação por meio da mídia leva tempo e custa dinheiro. Não jogue dinheiro fora contratando jornalistas para "quebrar um galho" em um momento de crise.
30. Se você contrata um assessor de imprensa para colocá-no no UOL, G1, R7, BBC, *Jornal Nacional*, da TV Globo, na *Veja*, na *Folha*, no *O Globo*, na CBN, na Record News..., babau. Nem o Clark Kent conseguiria isso. A não ser que você diga em público que fuma maconha e distribui a droga para seus funcionários. Assessor de imprensa também não é super-homem. O que conquista espaço é a importância social da notícia e sua boa divulgação nas plataformas de comunicação.
31. Não se irrite se o jornalista duvidar sempre das informações que passar para ele. Faz parte de sua missão duvidar sempre.
32. Pessoalmente sou contra o uso de câmeras e gravadores escondidos. No entanto, algumas mídias usam e abusam desse expediente

antiético. É uma forma de sensacionalismo. O mesmo vale para o grampo telefônico que, além de antiético, é ilegal. Só a polícia pode grampear telefone ou aplicativos, e com ordem judicial. Se suspeitar que o jornalista esteja usando câmera ou gravador oculto, suspenda imediatamente a entrevista.

33. Há jornalistas preocupados apenas em manter seu emprego, e não se arriscam em questionar ordens superiores, mesmo que elas provoquem conflito de consciência. Portanto, é bom que você os identifique e esteja preparado para enfrentá-los.
34. Quem apura denúncia de crime é a polícia, o Estado. O jornalista só acompanha e noticia a ação das autoridades.
35. A regra de que todo mundo é inocente até que se prove o contrário vale também para as investigações jornalísticas.
36. Você ensinaria alguém a sonegar impostos? Claro que não. Não se divulgam notícias que ensinam a cometer qualquer crime.
37. Você gosta de uma saborosa história sensacionalista sobre um conflito familiar que envolve promiscuidade sexual e muita sacanagem? E se tiver alguém de sua família no enredo dessa história? Ela pode se transformar em entretenimento para milhares de pessoas e vitimizar algumas. Vale a pena?
38. O que você acha de noticiar sequestro? Ajuda a resolver o caso ou agrava a situação do sequestrado? Qual é o juízo que você faz da plataforma que divulga? Pessoalmente, sou contra a divulgação quando há pedido da família porque creio que põe a vida da vítima em risco.
39. Não ofereça favores de qualquer espécie. Isso faz o jornalista perder a independência.
40. Jornalista que aceita convite para viajar à custa da empresa precisa deixar isso claro na reportagem. Não o convide achando que com isso vai garantir um espaço certo para as suas promoções. Há empresas que promovem lançamentos em praias, resorts, no Brasil ou no exterior, e convidam grupos de jornalistas. O convite não pode ser confundido com uma ordem para que faça reportagens amplas e favoráveis ao produto e ao evento.
41. Exija que o jornalista seja coerente entre o que noticia e o que comenta.

42. Uma das missões do jornalismo é promover o debate de ideias no espaço público.
43. Para você que não é do ramo, há uma distinção entre liberdade de imprensa e liberdade de expressão. A liberdade de imprensa é característica das empresas de comunicação. A liberdade de expressão é o direito constitucional do cidadão.
44. O jornalista tem o dever moral e ético de guardar um off. Porém, se ele souber que a fonte mentiu, pode divulgar o nome dela...
45. Dentro dos limites éticos, o jornalista pode, sim, usar a arma da sedução e persuasão nas suas entrevistas. Má-fé, jamais.
46. A pergunta mais delicada, mais difícil, geralmente fica por último. Eu mesmo uso muito essa técnica. Como dizia o filósofo presidente de time: "Jornalismo é como o futebol, uma caixinha de surpresas".

A pressa da notícia e a fake

Acredito no idealismo e nos idealistas, mas não vejo um há muito tempo.

— Bob Dylan

Ela pode ser real ou fictícia. Na dúvida, é melhor aceitar a ideia de que o jornalista tem pressa, que há competição entre as plataformas de comunicação etc. No entanto, você tem de avaliar se a pressa do jornalista não vai atropelar a notícia ou atribuir a você coisa que não foi dita. Isso não justifica atender a um telefonema de um repórter desconhecido sem a anuência da assessoria de imprensa. Uma vez atendida a ligação e respondida a primeira pergunta, não há como recuar, para o bem ou para o mal. Passou do chamado ponto de não retorno, dê no que der, só há uma alternativa: ir em frente.

O jornalista aprendeu na escola que, para escrever uma boa reportagem, deve começar respondendo a seis interrogações: "o quê?", "quem?", "onde?", "quando?", por quê?" e "como?". O entrevistado pode se preparar mentalmente para responder a essas indagações e ajudar na construção de uma boa reportagem.

Jornalismo é jornalismo, não importa a plataforma ou meio. As regras e os limites éticos são os mesmos. Por isso, não se preocupe com o jornalismo de blogs, sites, jornal, tevê, rádio, Internet etc. Se as regras são as mesmas, as diferenças são apenas de caráter técnico e, com a confluência das mídias, elas estão cada vez mais próximas. Um repórter de grande jornal impresso já usa uma pequena câmera digital de vídeo, como já disse, e não mais bloco de papel e lápis. O repórter de rádio também. O conteúdo vira matéria impressa e a gravação fica, na íntegra, na Internet, para quem quiser assistir. Portanto, em uma única ação se abastece o veículo com texto, áudio e vídeo. E pode ser reapresentado à exaustão.

As distorções do jornalismo geraram tanta reclamação que o jornalista inglês Paul Johnson listou o que ele considera os maiores pecados cometidos por esses profissionais. O conhecimento desses preceitos habilita você a identificar melhor quais são os limites de um jornalismo comprometido com a isenção, o equilíbrio e a responsabilidade social. Veja se você já identificou a prática de alguns deles:

DISTORÇÃO. Deliberada ou inadvertida, é muito comum e pode assumir várias formas.

INVASÃO DA PRIVACIDADE. É o pecado mais pernicioso da mídia de nosso tempo.

CULTO DE FALSAS IMAGENS. É a forma mais comum de distorção na televisão.

ASSASSINATO DE PERSONAGEM. A mídia é uma arma carregada quando dirigida com hostilidade.

EXPLORAÇÃO DO SEXO. A obscenidade nunca foi empregada de modo tão inescrupuloso.

ABUSO DO PODER. O dito de que todo poder tende a corromper aplica-se tanto à mídia quanto à política.

Envenenamento das mentes das crianças pelo que elas veem, escutam e leem.

Uma sugestão: por que você não faz uma revisão com os gestores de sua empresa e debate os itens listados por Paul Johnson? Seria, com certeza, um excelente exercício de contato com a imprensa.

Fique atento: uma entrevista gravada ou para um veículo impresso na maioria das vezes não é divulgado do modo que o entrevistado entende. O jornalista, na hora de publicar, editar, ou pôr no ar, pode mudar a ordem das perguntas, cortar palavras e frases redundantes, emendar pensamentos correlatos que tenham ficado dispersos, eliminar repetições etc., desde que, obviamente, não altere o que você disse. É por aí que há o conflito do "eu disse uma coisa e ele entendeu outra". O jornalista publica o que entendeu. Só publica quando forma opinião sobre o assunto em pauta.

É bom que você conheça um pouco as estruturas internas da mídia, uma vez que tem que conviver com ela ou como fonte, público-alvo, ou para atingir os stakeholders. Aparentemente com o advento de blogs, Facebook, MySpace, Twitter, Instagram, podcast, sites etc., qualquer um pode divulgar notícias, ainda que não seja jornalista. Tudo depende da credibilidade de quem escreve, e por isso são procurados na web jornalistas como Ricardo Noblat, Luis Nassif, Míriam Leitão, Mino Carta, Sérgio Abranches, Celso Ming, Sonia Racy, Ricardo Kotscho, Nirlando Beirão, Carlos Alberto Sardenberg, Mônica Waldwogel, Merval Pereira, Augusto Nunes e muitos outros. O jornalista é o intermediário entre o fato, a informação e a notícia, cabe a ele transformar a matéria-prima em assuntos de interesse público.

A LUTA DO BEM CONTRA O MAL NO CAMPO DAS MÍDIAS SOCIAIS

Qualquer jovem hoje em dia sabe o que são *fake news*. Já se disse que o nome é incorreto, uma vez que news não comporta manipulação, falsidade, interesses escusos e depende de verificação e apuração. A *fake* é a informação do vale tudo. Pode ser veiculada em uma conta pessoal ou de uma corporação, ou ainda sob perfil falso.

A comunicação digital gerou uma velocidade espantosa de tráfego de informações. Notícias, verdadeiras ou não, de qualquer lugar para qualquer lugar do globo. É um fenômeno que está embutido nas transformações do capitalismo atual, rotulado de globalização. Não, não vou me arriscar a definir o que é isso.

Dessa barafunda de emissores de toda ordem, emergem as temidas *fake news*. Começa que, se é *fake*, não é "news", pois notícias comportam a busca da verdade, "apuração apurada", verificação da origem e se os emissores são confiáveis, no mínimo. No entanto, essa história de publicar mentira é tão antiga como as pirâmides do Egito. Vários faraós apagaram os nomes dos sucessores e puserem o seu. Na época em que se escrevia com pedra, cinzel e talhadeira. Na história do nosso país há pelo menos dois exemplos, ainda na época da plataforma de tinta e papel. Em 1921, o jornal carioca Correio da Manhã publicou uma carta em que o candidato à presidência da república, Arthur Bernardes, atacava o exército e o presidente Nilo Peçanha. Houve revolta nos quartéis, até que Arthur provou que era uma "fake letter", ou melhor, uma autêntica *fake* de tinta e papel. Outra foi a divulgação pelos jornais e revistas da época de um documento conhecido como Plano Cohen, uma forma de os comunistas tomarem o poder em 1937. Getúlio deu um golpe para impedir isso e tornou-se ditador até 1945. O tal documento era falso, provavelmente redigido por militares de direita.

Portanto, todas as instituições atuais estão sujeitas a essa *fake*, e precisam estar atentas para rebater e restaurar a verdade. Seja por publicações em todas as plataformas, digitais ou não. Nesse momento, a entrevista para pôr o trem nos trilhos novamente se torna mais importante, e para isso o porta-voz da empresa, corporação ou entidade deve estar preparado tanto no conteúdo quanto na forma como vai se comportar nas entrevistas. Respostas vazias, atravessadas, gaguejantes, insinceras ou não só agravam os danos na marca, atingem o capital intangível da empresa e a reputação de seus dirigentes. Veja o exemplo da catástrofe humana e de comunicação provocada pela barragem da Vale em Brumadinho.

Algumas leituras essenciais

Nosso pensamento é livre.
— *Cícero*

O mundo global cavalga na tecnologia, e o principal corsel é a comunicação. A economia do século XXI cada vez mais está apoiada na informação, e não há outra saída, por isso é bom a empresa saber que não basta ter uma política de comunicação, é preciso ter uma política de comunicação on-line. Os avanços tecnológicos abrem espaço tanto para o jornalismo de reflexão como para o de reflexo, e é preciso estar preparado para enfrentar os dois. Começo com o livro do professor João José Forni, *Gestão de crises e comunicação*, publicado pela Atlas. Trata-se de um dos melhores livros do mercado sobre o relacionamento entre a fonte e a mídia. o que os gestores e profissionais de comunicação precisam saber para enfrentar crises corporativas. Alguns outros que vale a pena indicar:

- *Jornalismo para leigos* é um livro escrito pelo jornalista Udo Simmons e eu, e tem versão para Kindle. Trata do passo a passo do jornalismo no mundo digital e suas plataformas. Pode ser lido a partir de qualquer capítulo e é indicado tanto para que está fora desse mundo como para estudantes iniciantes na área. O case é o jornal multiplataforma da Record News. As tiradas de humor são da dona Juventina.
- Para fazer um aprofundamento no tema, e também na prática, existem bons livros no mercado. Um deles é o *De cara com a mídia*, de

Francisco Viana. O Chico escreve de forma agradável, o livro é fácil de ler e tem exemplos interessantíssimos tirados da história e comparados com a atualidade. Há também quadros nos capítulos com dicas de como agir diante da mídia de forma geral. Vale a pena acompanhar a narrativa sobre comunicação corporativa, relacionamento e cidadania.

- Outra sugestão é o livro do Nemércio Nogueira, *Media training, melhorando as relações da empresa com os jornalistas.* É outra visão sobre o assunto tratado por mim neste livro. Ele oferece um panorama atual do mundo das comunicações e também reproduz opiniões de jornalistas sobre os empresários. Dá também os parâmetros de um bom relacionamento entre imprensa e empresa. Há ainda os excelentes livros de comunicação de Nancy Assad.
- Dê uma olhada no excelente livro de comunicação da Bristol--Mayers Squibb do Brasil, *Fontes abertas*, sob a coordenação do pessoal da Escola de Comunicação e Artes da USP, onde se destacam os competentes professores Carlos Manuel Chaparro e Heloiza Matos, entre outros. Eu não disse anteriormente que coisa boa acaba resultando em propaganda para determinada empresa?
- E o outro lado? Como se prepara um jornalista para fazer uma boa entrevista? Como são escolhidas as pautas? Como funciona o jornalismo de tevê? O jornalista Paulo Rodolfo de Lima e eu escrevemos o *Manual de telejornalismo.* Neste livro, dirigido a jornalistas e estudantes de jornalismo, você pode conhecer melhor como se faz notícias, detalhes da ética tanto das empresas jornalísticas como dos próprios jornalistas.
- Não querendo fazer marketing, mas fazendo, se você quiser conhecer também um pouco de radiojornalismo, o Paulo e eu somos os autores de *Manual de radiojornalismo*, ética, produção e Internet. Com a professora Patrícia Rangel, escrevi o Manual de jornalismo esportivo, publicado pela Contexto.
- Outra dica de mídia training é o livro da Regina Villela, *Quem tem medo da imprensa?.* Ela enumera as regras básicas para o melhor aproveitamento do relacionamento entre empresários e jornalistas.
- Um manual de redação ao contrário é a proposta de *Como lidar com os jornalistas, Manual da fonte*, de Geraldo Sobreira. Há uma parte de

- entrevistas com políticos e colunistas discutindo o relacionamento com a imprensa.
- Bom humor e leveza do texto são algumas das qualidades do livro da Vera Dias, *Como virar notícia e não se arrepender no dia seguinte*. Ela explora as situações corriqueiras da rotina de dois mundos profissionais diferentes.
- Se você quiser espanar os gatos que aparecem na linguagem, dê uma olhada no livro do meu colega da TV Cultura, o professor Pasquale. O livro é *Gramática da língua portuguesa*, de autoria de Pasquale Cipro Netto e Ulisses Infante. Lá tem tudo para você aprender a falar melhor. E escrever também. Eu consulto sempre.
- Para terminar, se quiser ler um livro campeão em ética na imprensa, leia *Ética da informação*, de Daniel Cornu. Uma beleza para quem quer se aprofundar nos limites éticos do jornalismo. Leitura fácil de um tema com profundidade. O Banco do Brasil editou A mídia e a construção da imagem empresarial. É um excelente trabalho e tem um anexo de dicas muito útil e bem selecionado. Peça um para o banco.

Outros livros com os bambambãs do jornalismo

Se você quiser conhecer ainda mais o jornalismo e sua importância para a sociedade, sugiro a leitura de:

ABRAMO, Cláudio. *A regra do jogo*. São Paulo: Companhia das Letras, 1998.
ARBEX JÚNIOR, José. *Shownalismo: a notícia como espetáculo*. São Paulo: Casa Amarela, 2001.
BASILE, S. *Elementos de jornalismo econômico*. São Paulo: Negócio Editora, 2006.
BBC. *Princípios editoriais*. Disponível em: http://www.bbc.brasil.com.
BORDIEU, Pierre. *Sobre a televisão*. Rio de Janeiro: Jorge Zahar, 1997.
BUCCI, Eugênio. *Sobre ética e imprensa*. São Paulo: Companhia das Letras, 2000.

Cassiano, A.; Smaniotto, S. *Boas notícias, práticas de assessoria de imprensa.* São Paulo: Sá Editora, 2002. Manual da redação e estilo de comunicação. Brasília: Sist. Indústria, 2006.
Dines, Alberto. *O papel do jornal.* São Paulo: Summus, 1986.
Dória, R. *Dicas de comunicação pessoal e empresarial.* Santos, 2000.
Doty, D. I. *Divulgação jornalística & Relações Públicas.* São Paulo: Cultura Editores Associados, 1995.
Gosciola, V. *Roteiro para as novas mídias.* São Paulo: Senac, 2003.
Halimi, Serge. *Os novos cães de guarda.* Petrópolis: Vozes, 1998.
Karam, F. J. *A ética jornalística e o interesse público.* São Paulo: Summus, 2001.
Kucinsky, Bernardo. *Jornalismo econômico.* São Paulo: Editora da USP, 1996.
Machado, Arlindo. *A televisão levada a sério.* São Paulo: Senac, 2000.
Marcondes Filho, C. *Jornalistas: a saga dos cães perdidos.* São Paulo: Hacker Editores, 2000.
Oyama, Thaís. *A arte de entrevistar bem.* São Paulo: Contexto, 2002.
Passadori, R. *Comunicação essencial.* São Paulo: Gente, 2003.
Prado, Flávio. *Ponto eletrônico.* São Paulo: Publisher Brasil, 1996.

Revista Imprensa

Rossi, Clóvis. *Vale a pena ser jornalista?* São Paulo: Moderna, 1986.
Serva, Leão. *Jornalismo e desinformação.* São Paulo: Senac, 2001.
Tramontina, Carlos. *Entrevista.* São Paulo: Globo, 1996.

Finalmente meu livro *Crise e comunicação corporativa*, editado pela Globo, em 2010. É um sobrevoo de como tratam das crises em tempo de comunicação digital.

Internet (Há uma miríade deles, é só procurar no Dr. Google)

www.observatoriodaimprensa.com.br
www.iguttenberg.org

A classe dos jornalistas vai ao paraíso

> *Não dê dinheiro a jornalista que quer notícia, e não dê notícia a jornalista que quer dinheiro.*
> — Antonio Carlos Magalhães

O outro lado

O mesmo Paul Johnson, citado anteriormente, organizou uma lista de procedimentos para os jornalistas que é bom que você conheça para poder acompanhar o trabalho da imprensa. Eis os "Dez Mandamentos" escolhidos por ele:

1. Desejo dominante de descobrir e contar a verdade.
2. Os jornalistas devem pensar nas consequências do que dizem.
3. Contar a verdade não é o bastante. Pode ser perigoso sem julgamento formado.
4. Os jornalistas devem possuir o impulso de educar.
5. Os que dirigem os meios de comunicação devem distinguir opinião pública de opinião popular.
6. Disposição para liderar. O poder requer responsabilidade e responsabilidade significa liderança.
7. Mostrar coragem. É a virtude que mais falta na mídia.
8. Disposição em admitir erro. A livre aceitação do erro é a melhor prova de senso de honra.

9. Equidade geral. Jornais justos chamam atenção a quilômetros de distância, porque são raros.
10. Respeitar e honrar sua palavra. Ela é inseparável da verdade.

Na sua opinião, quantos veículos e jornalistas se enquadram em todos, ou em alguns, dos itens listados? Há algum que respeita os "Dez Mandamentos" propostos por Paul Johnson?

1. O relacionamento com o jornalista deve ser sempre apoiado na ética e no respeito mútuo.
2. Ele tem o direito de perguntar o que quiser e você, de responder ou não.
3. Não tente dobrá-lo com presentinhos, regalos, *souvenirs*, *gifts* etc. Não dá certo.
4. Lição de casa, ou *homework*, como dizem os consultores: leia e releia essas orientações. Não é como andar de bicicleta. Aqui tem que treinar sempre.

NÃO HÁ VIDA FORA DAS REDES SOCIAIS

Coloque isso no seu radar. Quantas plataformas você tem no seu *smartphone*, tablet ou no computador em sua mesa?

Ninguém está a salvo no cipoal de bits e bytes que trafegam a velocidade vertiginosas nos computadores, que, por enquanto, são analógicos. Mas não se espante, vem aí o computador quântico, capaz de aumentar a velocidade do tráfego de forma exponencial. Parece uma máquina inocente capaz de fazer em 200 segundos o que uma outra dos dias atuais levaria 10.000 anos. Contudo, ela pode estar a serviço do "Lado Negro da Força" e disparar contra os seus produtos, sua marca ou sua imagem pessoal. Como se defender? Chame o Batman.

Dicas para você falar melhor

Deus ao mar o perigo e o abismo deu, mas nele é que espelhou o céu.

— *Fernando Pessoa*

Selecionei algumas dicas que podem ajudar no dia a dia de quem está sempre dando entrevistas. O melhor mesmo é dar sempre uma olhadinha em um livro de português ou frequentar um curso rápido e prático da língua. Entrevistei um vice-presidente de uma grande corporação brasileira que, em dez minutos cometeu uns cinco erros graves. Um deles foi confundir a expressão "ao encontro" com "de encontro". Não se esqueça de que qualquer entrevista fracassa se o entrevistado não for capaz de falar o que é compreensível para as pessoas comuns. Cuidado para não exagerar no uso dos adjetivos para dar maior ênfase na sua argumentação, especialmente rotulando de dramático ou sensacional o que não é nem uma coisa nem outra. Eis os enganos mais comuns que anotei:

1. Ler palavras no singular é mais fácil do que no plural. Erra-se menos. Plural só quando for inevitável.
2. É preferível usar o presente e o futuro composto em lugar do futuro simples.
3. Evite o uso de mesóclises, como o Temer, porque é de difícil leitura. Prefira as próclises, pois são mais coloquiais. Assim, em vez de *poder-se-ão*, é melhor *poderá*; em vez de *machucou-se*, *se machucou*.

4. A gíria, de forma geral, tem o poder de tornar as conversas mais informais. Porém, elas vulgarizam a entrevista e não devem ser usadas, a não ser em situações especiais ou se estiverem consolidadas no vocabulário do dia a dia. No mundo corporativo devem ser usadas só em último caso.
5. O uso dos pronomes possessivos *seu, sua, seus* e *suas* pode causar confusão para quem acompanha o noticiário jornalístico. Pode levar o interlocutor a entender que se está falando dele ou de alguma pessoa ou objeto de suas relações pessoais. Por isso, é melhor: *o ministro saiu com o cachorro dele* do que o *ministro, El Libertador saiu com seu cachorro.* Contudo, para essa regra, aliás, como para a maioria delas, há exceções.
6. Em dúvida, procure substituir palavras difíceis por palavras fáceis. Se for imprescindível, explique-a em outras palavras. Por exemplo megalópolis e cidade grande. Seja didático, se precisar repetir uma explicação, não se intimide. Os entrevistados são incentivados a não repetir palavras. E isso tem levado muita gente a uma verdadeira obsessão na busca de sinônimos. Claro que é melhor não repetir, mas muitas vezes, para a clareza da notícia, é melhor fazê-lo. E também é muito melhor do que usar como sinônimo "órgão", "instituição bancária", "entidade", "instituição de ensino", "nosocômio", coletivo etc.
7. Redundância: é um dos erros mais comuns, tanto nas entrevistas como nas reportagens. É preciso combatê-la. Uma delas: *há um ano atrás.*
8. A crase não é um acento, mas a contração de duas letras *a*, indicada pelo acento grave (`). Só se pronuncia uma vez. Por exemplo, *fui à escola* e não *fui aa escola.*
9. Traduzir ou não traduzir nomes estrangeiros? Essa é uma polêmica que ocorre em muitas entrevistas. As orientações oficiais mandam traduzir. Pouca gente obedece. No mundo corporativo é comum uma enxurrada de termos em inglês, uma vez que esta é a língua do business...Veja o caso da cidade de New York. É traduzida pela metade. O mais comum é Nova York. Como fazer com Buenos Aires? Seria melhor Bons Ares? E Corrientes? Seria melhor Correntes? Como vamos falar o nome dos filósofos iluministas franceses

Rousseau e Voltaire? E o fundador da psicanálise Freud? E as palavras usadas na informática, como *megabyte, screen, mouse*? (Em Portugal se diz rato.) Melhor usar o senso comum, ou seja, a forma que as pessoas falam coloquialmente, sem impor regras rígidas que possam agradar a gramática e agredir o telespectador, ou vice-versa. Como diremos Peter Drucker?

10. Não fazer confusão ao apresentar números com algarismos. Os números são constituídos de um ou mais algarismos. Dezenas são números constituídos por dois algarismos.
11. Nomes de tribos indígenas são usados no plural, aportuguesados: os xavantes, os tupis, os alonguinos, os pataxós etc.
12. Algarismos romanos são lidos de forma ordinal até dez; daí para a frente, como cardinais: João Vinte e Três, João Paulo Segundo, Ricardo Terceiro, Leão Treze, Dom João Sexto. No caso dos distritos policiais, é melhor identificá--los pelo bairro onde se situam; em último caso, em números cardinais. Ordinais, jamais.
13. Não se usam artigos antes de nomes próprios, pois pressupõe uma intimidade indesejada: o Antero, o Policarpo etc. É incompatível com a linguagem das entrevistas jornalísticas.
14. As formas de tratamento devem ser faladas por extenso: doutor, ilustríssimo, senhor, excelentíssimo etc.
15. No caso de pessoa que morreu no exercício do cargo não se usa o "ex": presidente Lincoln, presidente Kennedy, princesa Diana, czar Nicolau II etc.
16. Nomes latinos são, geralmente, usados na língua original, pois são muito parecidos com o português: *cloaca maxima, aedes aegiptis* (edes egipitis) etc. Ainda assim, podem confundir as pessoas. Se possível, recomendo substituí-los por outras expressões, como "mosquito da dengue" etc.
17. Telefones, endereços, e-mails, CEPs devem ser repetidos para que o jornalista ou o público possam anotá-los. Não exagere na dose porque pode irritar quem está acompanhando a entrevista.
18. Existe perigo de confusão no uso indiscriminado dos pronomes pessoais. Só diga *ele, ela, eles* ou *elas* quando o público puder ter certeza de quem se trata. Nem sempre é possível lembrar de quem se está falando. Em dúvida, repita o nome de quem está falando.

Cuidado com o uso coloquial de pronomes pessoais como objeto direto. É horroroso ouvir: *o promotor convidou ele para depor no processo.*
19. A expressão mais de, seguida de complemento, leva o verbo para o número do complemento. Assim, *mais de um sabe o segredo; mais de três confirmaram o fato.*
20. Os sotaques regionais devem ser respeitados e preservados. São formas de falar o português no Brasil e pertencem à cultura brasileira. Não há imposição de um sotaque-padrão. O sotaque, além de ser o jeito de falar de cada região do país, inclui não só o modo de pronunciar as palavras, como a entonação e o ritmo das frases. Não se preocupe se você for estrangeiro e sabe falar fluentemente português. O sotaque em algumas situações dá até certo charme e se torna uma marca inconfundível do entrevistado. Se você ouvir o rabino Henry Sobel falando, você é capaz de identificá-lo! Eu o identifico quando ele diz: *meu carouu Heroudoutou.*
21. A adjetivação excessiva ou inadequada enfraquece a qualidade e o impacto da informação. Substantivos fortes e verbos na voz ativa reforçam a densidade da ideia que se está querendo comunicar.
22. O melhor remédio é ler alguma coisa mais do que os relatórios gerenciais. Textos jornalísticos no papel ou no computador todos os dias. Nos finais de semana leia mais alguns capítulos de um bom livro de literatura que está na cabeceira de sua cama.

Pronúncias que derrubam entrevistados

> *Aprendi a nunca discordar das críticas, especialmente quando são favoráveis.*
>
> — B.B. King

Estes são alguns erros comuns anotados em reportagens eletrônicas. Há um jornalista e escritor famosíssimo que não consegue dizer corretamente *problema* e *aeroporto*. Ainda que escreva corretamente — ele é um intelectual respeitado —, no ar, sempre diz "pobrema" e "aereoporto". A maioria deles você certamente já conhece, por isso, estou apresentando-os apenas por curiosidade. Os mais complexos são os nomes de origem estrangeira. Eles devem ser pronunciados de maneira correta, principalmente os que mais aparecem no noticiário e são do conhecimento geral. Ninguém é obrigado a conhecer a pronúncia de todos os nomes, mas é preciso procurar a origem e a forma correta de dizê-los. Pela ordem, os mais difundidos são os nomes de origem inglesa, espanhola, francesa, italiana, alemã etc. Não se acanhe em perguntar para quem conhece o idioma. Cuidado para não exagerar no uso de palavras que fazem parte do seu cotidiano na empresa, mas que outras pessoas não conhecem, como expertise, follow-up etc.

Sugiro que se estude as regras básicas de pronúncia desses nomes, encontradas nos livros de aprendizado da língua.

Veja alguns exemplos mais comuns:

1. AterriSSagem, e não aterriSagem.
2. Ao invés, que significa ao contrário, não deve ser confundido com em vez, que quer dizer no lugar de.
3. AsséPtico, e não acético.
4. Avião é melhor que aeronave.
5. BenefiCÊNCIA, e não benefiCIÊNCIA.
6. Bimestral significa de dois em dois meses, bimensal quer dizer duas vezes no mesmo mês.
7. Votos em branco, e não votos brancos.
8. CabeLEIREIRO, e não cabeLEREIRO.
9. CamiNHOneiro, e não caMIOneiro.
10. Cheque sem fundoS, e não sem fundo.
11. Continuidade não é sinônimo de continuação.
12. ConvalesCENÇA, e não convalesCÊNCIA.
13. CUringa é vela de navio. COringa é o nome da carta de jogar.
14. Dengue é palavra de gênero feminino.
15. Digladiar, e não dEgladEar.
16. Dinamite não tem plural.
17. EncapuZado, e não encapuÇado.
18. Consenso geral é redundância.
19. Déficits são aumentados, reduzidos ou eliminados, nunca solucionados.
20. Orientais podem ser japoneses, coreanos, chineses, taiwaneses etc.
21. Domingo é o primeiro dia da semana, segunda, o primeiro dia útil.
22. "Escravas brancas" tem conotação racista.
23. Obstaculizar é pior, muito pior mesmo, do que impedir. E impedir é melhor do que coibir. Postergar, nem pensar, é melhor adiar.
24. ProPRIedade, e não proPIEdade.
25. Meio-dia e meiA, e não meio-dia e meiO.
26. Cuidado com a pronúncia da palavra MAIS. Pode ser confundida com MAS, ou vice-versa.
27. De encontro significa ao contrário. Não confundir com AO encontro de.
28. A ciência do tempo é a metEOrologia, e não a meterEOlogia.
29. Grama, quando for medida de peso, é palavra masculina: quinhentOs gramas de peixe.

30. Cuidado com a pronúncia das palavras ANTE e ANTI. Ante é de origem latina e é um prefixo que indica antes, como antessala. Anti possui origem grega. Significa em oposição a alguma coisa, como antifogo.
31. Clã é palavra masculina. O clã dos MacDonnalds.
32. O referencial da península ibérica é iBEro, e não Íbero. Diga NoBEL e não NObel.
33. A pronúncia correta é ilÊso, e não ilÉso.
34. O correto é haja vistA, e não haja visto.
35. O segundo S da palavra subSídio tem o som de ce, e não de ze.
36. Penalizar: causar pena ou desgosto a. Apenar: condenar, castigar.
37. DEscriminar é tirar a culpa, inocentar; e dIscriminar é diferenciar.
38. DignItário, e não dignAtário.
39. DeteRIoração, e não detEOração.
40. Juniores (ô), e não juniors.
41. A personagem, e não O personagem.
42. Vultoso, e não vultUoso.
43. Altitude é a altura a partir do nível do mar; é usada para acidentes geográficos.
44. Têm timbre fechado: aparÊlha, alvÊja, Êxtra, estÔura, rÔuba.
45. Têm timbre aberto no plural: carÓços, cÓrpos, cÓrvos, despÓjos, destrÓços, esfÓrços, fÓgos, fÓrnos, grÓssos, impÓstos, miÓlos, Óvos chÓcos, pÓços, pÓrtos, pÓstos, refÓrços, socÓrros, tijÓlos.
46. Têm timbre fechado no plural: abÔrtos, acÔrdos, almÔços, cachÔrros, chÔros, desgÔstos, canhÔtos, espÔsos, estÔjos, gÔstos, transtÔrnos.
47. Cal é palavra feminina: a cal.
48. Champanha ou champanhe é palavra masculina.
49. O ato de descrever é dEscrição; dIscrição é a qualidade de ser discreto.
50. Quem sai do país é Emigrante, quem entra é Imigrante.
51. O que está para acontecer é Iminente; o que é elevado, excelente, é Eminente.
52. O correto é Empecilho, e não Impecilho.
53. Cuidado com a pronúncia de fRagrante, o ato de flagrar é fLagrante.
54. Aplicar penalidade é infLigir, desrespeitar é infRINgir.

55. O correto é prIvilégio, e não prEvilégio.
56. Confirmar é rAtificar, corrigir é rEtificar.
57. A pronúncia correta é ruÍm, e não rÚim.
58. A tevê colorida é tevê EM cores.

Essa coleção foi listada com base nos erros mais comuns em entrevistas. Como disse, um curso rápido de português não mata ninguém. Eu vejo sempre as aulas do professor Pasquale na TV Cultura.

Muletas de entrevistados

> *A impressão que guardamos dos outros não nasce apenas do que ouvimos, mas principalmente do que notamos em nosso interlocutor.*
>
> — *Nizan Guanaes*

Entrevistados de todas as áreas usam muletas, que podem ser evitadas.

Quando a emoção é maior, é mais frequente que esses lugares-comuns ocorram. Por isso, é bom evitar. O melhor é usar palavras simples; tentar mostrar cultura geral ou erudição nem sempre termina bem, principalmente se uma ou outra palavra estiver mal colocada. Pior do que isso é encontrar repórteres ansiosos que atropelam o entrevistado, interrompem o raciocínio e cortam as falas nos momentos mais preciosos.

Veja algumas das expressões mais comuns:

1. acalorada discussão
2. agente da ordem (policial)
3. agradável surpresa
4. alta personalidade
5. ambos os dois
6. amplexo (abraço)
7. assaz (muito)
8. astro rei (sol)
9. belo sexo (mulher)

10. cair no chão
11. cadáver do morto
12. carreira brilhante
13. causídico (advogado)
14. cenas dantescas
15. centenas de milhar (centenas de milhares)
16. chefe do executivo (prefeito, governador, presidente)
17. chovem pedras (chove pedras)
18. coletivo (ônibus)
19. consenso geral
20. de comum acordo
21. de há muito (desde há muito)
22. de imediato (logo, imediatamente)
23. deixa muito a desejar
24. devorado pelas chamas
25. elo de ligação
26. entrar dentro
27. facultativo (médico)
28. história passada
29. houveram feridos (houve feridos)
30. ilustre visitante
31. incansáveis esforços
32. infausto
33. inovação recente
34. ironia do destino
35. justa homenagem
36. lobo-do-mar (comandante)
37. mãe natureza
38. mar de gente (multidão)
39. missiva (carta)
40. mulher de vida fácil (prostituta)
41. não houve vítimas a lamentar
42. nos braços de Morfeu (dormindo)
43. precioso líquido (água)
44. prima pela ausência (falta)
45. princípio do fim

46. pomo de discórdia
47. quiçá
48. rasgados elogios
49. sair para fora
50. saliente-se que
51. sensação do dever cumprido
52. sexo fraco/forte
53. sobejamente conhecido
54. sono dos justos
55. subir para cima
56. tecer considerações
57. tenra idade
58. última morada (cemitério)
59. viatura (carro de reportagem)

Há determinadas profissões que têm sua própria coleção de jargões. Nós mesmos, jornalistas, temos a mania de agregar os piores jargões de várias atividades, uma vez que lidamos com todas. Mas o pior dos piores é o jargão policial: *meliante, viatura, autoridade policial, marginal, campana* etc.

Evite o segurês, economês, juridiquês etc.

- prêmio
- sinistro
- sinistralidade
- grandes riscos
- ramos elementares
- seguros multirriscos

Lista negra

- sem comentários
- a nível de
- com certeza (repetidamente ou como resposta simples)
- enfim (repetidamente)

Erros mais comuns

- haja visto (CORRETO: haja vista)
- por causa que (CORRETO: porque)
- fazem "X" anos (CORRETO: faz "X" anos)
- entre eu e você (CORRETO: entre mim e você)
- à medida em que (CORRETO: na medida em que)
- houveram muitas ocasiões (CORRETO: houve muitas ocasiões)

O bê-á-bá do jornalismo

> *É livre a manifestação do pensamento, sendo vetado o anonimato.*
>
> — Art. 8º da Constituição do Brasil

A mídia usa uma série de termos incomuns, mesmo para quem trabalha com jornalismo. Eu separei alguns para que você conheça um pouco do jargão, o suficiente para saber o que se passa à sua volta quando recebe um repórter em sua empresa ou vai a um estúdio dar uma entrevista.

ABERTURA DA MATÉRIA: quando o repórter abre a matéria ao vivo, complementando a cabeça lida pelo apresentador.

ARTE: ilustração visual gráfica, computadorizada, inserida na reportagem para facilitar a compreensão da matéria. Pode ser animada ou não.

AUDIOTAPE: indica a gravação de um texto de repórter ou de entrevistado, somente em forma de áudio, pelo telefone. É o ridículo de mostrar um *slide* com a foto de um repórter sobre uma indicação geográfica de onde ele se encontra, e apenas sua voz no ar.

BACKGROUND: ou BG, ruído do ambiente ou música que acompanha, ao fundo, a fala do repórter, apresentador ou entrevistado.

BARRIGA: matéria com informações falsas ou incorretas.

BATIMENTO: deficiência no sinal de vídeo, na imagem, como uma batida descontínua, acima ou abaixo da tela do vídeo. Imagens com batimento não vão para o ar.

CABEÇA DA MATÉRIA: é lida pelo apresentador e dá o gancho da reportagem ou abertura de entrevista.

CALHAU: por razões industriais, as edições dos jornais, impressos ou eletrônicos, devem respeitar um cronograma de horários por editorias. Caso alguma das reportagens de alguma editoria não esteja pronta até determinado horário, ela é substituída por anúncios da própria empresa. Muito comum quando cai a veiculação comercial.

CENÁRIO VIRTUAL: cenário gerado por computadores que usam programas específicos. Podem ser usados com inserções de imagens gravadas. No estúdio, fica um grande fundo azul ou verde.

CHAMADA: são as pequenas manchetes e informações resumidas que fazem parte da primeira página dos jornais. Nos eletrônicos são apresentadas no meio da programação.

CHROMA-KEY: substituição parcial de uma imagem eletrônica por material proveniente de outra fonte; esse recurso é muito usado em telejornais. O apresentador está na frente de uma tapadeira azul ou verde e, no ar, atrás dele, aparece uma imagem gerada eletronicamente. Também é usado quando aparece um "selo", que identifica o assunto, ao lado do apresentador. Por exemplo, um par de algemas para identificar polícia etc.

CLOSE-UP: ou primeiro plano, cena que mostra a cabeça inteira da pessoa, do colarinho ou gola para cima. Cena fechadas em um objeto.

COLUNA: é o espaço nobre na mídia. É lá que as notícias são antecipadas, ou são feitos comentários e análises. Podem pautar outros veículos.

DEADLINE: prazo final para o repórter retornar à empresa com uma reportagem a tempo de entrar no ar ou ser impressa. É usado também no prazo de fechamento. O entrevistado deve ficar atento para isso se quiser colaborar na produção de uma reportagem. Muitos entrevistados não entendem por que jornalista tem tanta pressa. Se passa a hora do fechamento, a matéria cai, ou a entrevista no estúdio é substituída por outra notícia.

DIRETOR DE REDAÇÃO: comanda a redação e, em alguns casos, é o responsável legal pelo conteúdo publicado. Não está envolvido diretamente com os detalhes de toda a operação, mas tem a função de acompanhar tudo de perto. É cargo de confiança dos proprietários da empresa.

EDITOR: é o responsável direto pelo trabalho de sua editoria, seja do ponto de vista de conteúdo ou da priorização das matérias. A palavra final em caso de dúvidas em títulos, forma de abordagem e a decisão de derrubar ou mudar uma reportagem é dele. Quando não existe a figura do coordenador de área, a ligação com o comando de redação também é feita por ele, que representa a editoria nas reuniões de fechamento.

EDITORIA: é o núcleo responsável pela cobertura segmentada de assuntos como Esportes, Internacional, Política, Geral etc. É composta por repórteres, subeditores e editor.

ENQUADRAMENTO: o que aparece em cena, o que está sendo focalizado pela câmera do cinegrafista.

FECHAMENTO: é o período no qual as pautas trabalhadas durante o dia e que viram reportagens começam a receber o acabamento que resultará no jornal do dia seguinte. Nos eletrônicos, há vários fechamentos diários. Nos on-line não se fecha nunca.

FONTE: indivíduo externo da redação que serve aos jornalistas como o "alimentador de informações". Um dos principais desafios do profissional de imprensa é montar uma rede de fontes confiáveis.

FRAME: é uma medida eletrônica. Uma imagem é composta de vários frames. No Brasil, 30 frames correspondem a um segundo de imagem gravada magneticamente.

FURO DE REPORTAGEM: reportagem inédita, exclusiva e com potencial de repercussão.

GERADOR DE CARACTERES: ou GC, uma espécie de máquina de escrever eletrônica. É usado para inserir título, créditos, legendas sobre imagens.

GRAVAR OFF: gravar o texto de uma reportagem ou o áudio de uma nota coberta, em fita magnética, sobre a qual, posteriormente, serão inseridas imagens relativas àquela reportagem.

LEAD: mecanismo criado pela escola norte-americana de jornalismo, é o "cabeçalho" da matéria onde devem estar presentes de maneira concisa as principais informações da reportagem. É a locomotiva da história que vai ser contada na reportagem.

LINK: é a ligação entre dois ou mais pontos para a transmissão de sinais de imagens e sons; quando um repórter ou entrevistado aparece ao vivo, essa operação é chamada de link. As tevês possuem equipamentos de link instalados em caminhões, motos e helicópteros; eles são usados para a entrada de repórteres e entrevistados ao vivo e para outras imagens como trânsito, enchentes, sequestros etc.

MATÉRIA: sinônimo de reportagem.

MICROFONIA: barulhos, sons irregulares que são provocados por vibrações e que surgem nos microfones. É um defeito técnico que deve ser eliminado antes da gravação ou do programa ir ao vivo para o ar.

OLHO: um trecho que pode ser uma frase do entrevistado ou simplesmente uma informação, que recebe um destaque na edição da página.

PAUTA: é o assunto sobre o qual o repórter trabalha e inicia a apuração.

PLANO GERAL: enquadramento feito com câmera distante, mostrando a pessoa por inteiro ou um local por completo.

PLANO MÉDIO: plano de introdução para entrevistas que corta logo abaixo dos cotovelos.

PONTO ELETRÔNICO: receptor de áudio colocado dentro do ouvido do apresentador que serve para comunicação direta com o editor-chefe ou diretor de programa; por meio dele o apresentador pode receber tanto sugestões de perguntas como saber o tempo que ainda resta para terminar a entrevista.

PRIMEIRÍSSIMO PLANO: um close muito fechado do rosto, podando o alto da cabeça. Também é a cena que mostra detalhe de um objeto.

REPÓRTER: está na base da estrutura. Recebe a pauta e tem a tarefa de desenvolvê-la utilizando suas fontes, indo para as ruas, entrevistando pessoas. Com as informações ordenadas escreve a matéria. Dentro da estrutura hierárquica tem influência muito limitada na maneira como o material que produziu durante o dia será editado. Ele deve obedecer às limitações de espaço conforme definido na reunião de fechamento e na escala de prioridades dentro de sua própria editoria. Embora possa sugerir um título para a matéria, não tem a responsabilidade final sobre ele. Caso seja uma matéria que vá para a primeira página, como manchete ou chamada, não tem acesso a como a reportagem será trabalhada. Cada veículo mantém uma editoria especializada em primeira página, responsável por dar os títulos das chamadas e as manchetes do jornal.

REPÓRTER ESPECIAL: tem *status* de subeditor e, em alguns casos, até de editor devido à importância de trabalhar com pautas consideradas especiais pelo comando de redação. Suas matérias são mais trabalhadas, seja no texto ou no aprofundamento dos temas. Sua autonomia e influência são maiores do que a do repórter.

REUNIÃO DE ABERTURA: realizada pela manhã. Examina as principais pautas do dia e dela sai o contorno do jornal que deve estar nas bancas no dia seguinte, incluindo qual é a pauta que tem o potencial de ser a manchete, quais têm potencial para receber chamadas na primeira página, quais devem prosseguir em apuração e quais devem ser remodeladas ou mais bem trabalhadas. Na televisão, guia o principal telejornal da noite.

REUNIÃO DE PAUTA: os integrantes de uma editoria se reúnem para discutir temas e enfoques para serem trabalhados pela equipe de reportagem. É também ali que, algumas vezes, são distribuídas as pautas para cada repórter.

SECRETÁRIO DE REDAÇÃO: cargo que faz parte do comando de redação. É o jornalista responsável por centralizar as principais pautas de todas as editorias do jornal; mantém o contato direto com os editores e monitora também o andamento das pautas nas sucursais. Tenta evitar a repetição de tarefas entre as editorias. Presta contas ao Diretor de Redação.

SELO: ilustração que se usa no ar para identificar um assunto ou uma notícia; é produzido pela editoria de arte.

SUBEDITOR: de maneira geral, os principais jornais do país, além de contarem com uma equipe de repórteres, possuem também uma equipe de subeditores, embora esta seja mais reduzida. Os subeditores são responsáveis por algumas das tarefas imprescindíveis ao andamento do trabalho da editoria.

SWITCHER: sala de controle onde ficam o diretor de tevê, o sonoplasta, o editor-chefe do programa que está no ar; está sempre conectada ao estúdio, link etc. Tudo o que se fala próximo aos microfones pode ser ouvido por quem está no switcher.

TAKE: designa um quadro de imagem. Mudar um take significa substituir aquela imagem por outra.

TEASER: pequena chamada gravada pelo repórter sobre uma notícia, para ser colocada na escalada do veículo eletrônico. Serve para atrair a atenção para uma reportagem.

TELEPROMPTER: ou TP, é um aparelho que permite a reprodução do *script* sobre a câmera, facilitando a leitura do apresentador.

VINHETA: marca a abertura ou o intervalo do programa eletrônico.

Finalmente

Acredite em milagres, mas não dependa deles.
— H. Jackson Brown, Jr

A entrevista é uma atividade que precisa de treino constante. Sugiro que você tenha este livro no seu escritório para dar uma olhada de vez em quando. Procure o apoio da assessoria de comunicação e decore o núcleo das *key messages*. Lembre-se de que a comunicação corporativa se faz no âmbito da *key message*. Fora disso é campo minado. Não responda a perguntas pessoais além daquelas que indagam se você, como eu, torce para o Coringão. Imite o presidente mundial da Siemens, que disse que não fala de assuntos pessoais. Se responder, não acaba nunca: "Você pinta a sobrancelha?", "Usa protetor dental?", "Casou virgem?", "Já fez alguma cirurgia plástica?"... E por aí vai. Há casos clássicos de entrevistas que começaram com: "O senhor é louco?", "Sua mulher o está traindo com o chefe da campanha política?", "O senhor bebe antes de assinar decretos?", "É verdade que o senhor namora uma cronista esportiva?", "O senhor é gay?", "Já experimentou maconha?", "Acredita em Deus?"... E muito, muito mais. Como sair disso? Basta não responder. E, se o repórter insistir, deixe claro que **não** fala de assuntos pessoais. Não caia nas armadilhas. Nada de notoriedade, a comunicação corporativa não tem esse escopo. Lembre-se de que o jornalismo quer notícia. Mas afinal...

O que é jornalismo?

>Jornalismo é separar o joio do trigo. E publicar o joio.
>— Mark Twain

Bom proveito e salve-se quem puder!!!

JOIO é...

- Novidade
- Atualidade
- Polêmica
- Excentricidade
- Denúncia
- Originalidade
- Inusitado
- Veracidade
- Interesse social e ambiente
- Credibilidade
- Utilidade
- Curiosidade
- Responsabilidade social e ambiental
- Direitos humanos
- Oportunidade
- Solidariedade
- Sustentabilidade

Para encerrar

Jornalismo é:

- Descobrir o interesse público das notícias
- Informar a sociedade corretamente
- Apurar as informações antes de publicar
- Perseguir sempre a isenção e a ética
- Presumir o direito de inocência em suspeitos de toda ordem
- Tratar as fontes com respeito, mas sem submissão
- Ser transparente nas opiniões e editoriais
- Não se intimidar com entrevistados poderosos
- O limite da informação é a violação de direitos humanos.
- Se for eleito uma excelência, deixou há muito de exercer o ofício. Ainda que prefira ser chamado de jornalista Fulano de Tal
- Quando ESTÁ e já não se É mais **Não se está** jornalista ao fazer **publicidade** ou **marketing** de qualquer natureza
- Não se está jornalista ao exercer a função de **assessoria de imprensa**

As 10 pragas do Jornalismo:

1. Esconder notícia com medo do chefe e do patrão;
2. Burocracia e hierarquia as pragas estruturais
3. Jornalismo só para manter o emprego, é a praga do dia-a-dia
4. A briga diária contra a notícia e o seu desconhecimento
5. Noticiar apenas o que agrada ao comercial da empresa
6. Tratar com ingenuidade as matérias sem duvidar
7. Medo de pôr o emprego em risco, quando há conflito de consciência
8. Escrever sobre um assunto que desconhece
9. Desconhecer o público para o qual faz jornalismo
10. Apropriar-se e piratear informações alheias

...& os 7 pecados

1. Invasão da privacidade
2. Manipulação da notícia
3. Assassinato do personagem
4. Abuso do poder
5. Envenenamento da mente
6. Culto de falsas imagens
7. Exploração do sexo

Para encerrar

Ouça o seu público

Vou repetir, quem faz a comunicação é a orelha, e não a boca. É importante auferir os comentários, elogios, críticas e pedidos de outras informações que o público-alvo faz das suas publicações.

Volte ao início do livro e leia novamente a frase dita por Siddharta Gautama, o Buda, há 2.600 anos.

Ele pedia para que não acreditassem no que dizia, mas que as pessoas experimentassem por si mesmas. Faço a mesma coisa. Não bastam as dicas, é necessário praticar para se desenvolver como bom comunicador. Vença o medo. Rasgue o tigre de papel. **Ponha a cara na mídia.**

O jornalismo não é a minha primeira profissão. Fui professor de história na Universidade de São Paulo, na Unisantana, na Unip, no Pueri Domus e em outras escolas. Tentei a carreira universitária, o que me levou a cursar o bacharelado, licenciatura, pós-graduação e mestrado em história e, por estudar o avanço dos Estados Unidos na Ásia, aprendi um pouco de japonês na Faculdade de Estudos Orientais na USP. Mas às primeiras aulas assisti no templo Soto Zen, que me educou no zen budismo, que ainda pratico. Nesse meio-tempo cursei direito na FMU, uma tentativa frustrada de ser advogado especialista em direito internacional, aproveitando os conhecimentos de inglês obtidos em anos e anos de União Cultural. Fiz vestibular para os cursos de jornalismo na Cásper Líbero e durante um tempo fui aluno e professor simultaneamente. Aos poucos virei jornalista. Tinha quase 40 anos. Meus amigos dizem que saí da frigideira para cair no fogo.

A primeira chama, ou melhor, emprego, foi na TV Gazeta apresentando o *Show de Ensino*. Depois trabalhei na Jovem Pan como comentarista e apresentador de programas. Minha primeira passagem pela TV Cultura foi para apresentar os últimos programas da série *Vox Populi*. Acompanhei a implantação do jornalismo no SBT, onde fui editor-chefe do telejornal local. Na rádio Globo fui editor, repórter, apresentador e diretor de jornalismo. Sou um dos autores do projeto *All News*, da CBN. Na volta à TV Cultura, como editor de política, apresentei o *Cesta Básica*, o *Roda Viva*, o *Opinião Nacional*, o *Jornal da Cultura* e gravei séries especiais de história. Tenho livros, artigos e outros trabalhos sobre história, jornalismo e budismo.

Creio que a gente é o que faz. Hoje sou editor chefe e âncora do jornal da Record News, o primeiro em multiplataforma e dou cursos, palestras e participo de mídia trainings como palestrante de empresas especializadas em comunicação.

Heródoto Barbeiro
www.herodoto.com.br

Outros livros de minha autoria

Budismo, São Paulo, Bella Letra, SP, 2015.
Buda — o mito e a realidade. São Paulo: Madras, 2002.
CBN mundo corporativo. São Paulo: Saraiva, 1998.
Crise e comunicação corporativa. São Paulo: Editora Globo, 2010.
Falar para liderar. São Paulo: Saraiva, 2000.
História dos políticos. Rio de Janeiro: Editora Ouro, 2008.
Liberdade de expressão I e II. Com Carlos Heitor Cony e Arthur Xexeo. São Paulo: Saraiva, 2002.
Meu velho centro. São Paulo: Boitempo, 2007.
Por dentro do mundo corporativo. São Paulo: Saraiva, 2010.

Mais detalhes em: www.herodoto.com.br/